Speisen mit Thomas Mann · Alexej Baskakov
in Zusammenarbeit mit Harvey Dräger

SPEISEN MIT THOMAS MANN

von Alexej Baskakov

in Zusammenarbeit mit Harvey Dräger

Für meine Frau, die mich mit viel Geduld und Taktgefühl unterstützt hat.

Die Deutsche Bibliothek – CIP-Einheitsaufnahme
Baskakov, Alexej:
Speisen mit Thomas Mann / Alexej Baskakov
in Zusammenarbeit mit Harvey Dräger. – Lübeck:
Verl. Graph. Werkstätten, 1995
   ISBN 3-925402-83-7

Impressum

Herausgeber: Alexej Baskakov
              in Zusammenarbeit mit Harvey Dräger

Photographie und Styling: Stefan Alsen, Hamburg

Foodstyling: Robert Kanngießer, Hamburg

Gesamtherstellung: DrägerDruck GmbH, Lübeck

ISBN: 3-925402-83-7

Verlag Graphische Werkstätten, Lübeck
in Fa. DrägerDruck GmbH, Lübeck
Schwertfegerstraße 7
D-23556 Lübeck
Telefon 04 51 / 8 79 99 55
Telefax 04 51 / 8 79 99 66

© by DrägerDruck GmbH, Lübeck

Besonderen Dank an Hulda Seidewinkel (Foto-Requisiten)
und an Peer Busch (Foto-Assistenz)

INHALT

1. Geträumte Mahlzeiten.
   Eine „dichterische" Einführung
   in Thomas Mannsche Tafelfreuden   9 – 22

2. Zum praktischen Nachträumen.
   Rezepte und Kommentar   23 – 52

3. Anhang.
   Mahlzeiten nach Romanen geordnet
   oder
   Die Romane Thomas Manns im Lichte
   der Kunst des Speisens   53 – 77

1. Geträumte Mahlzeiten

In weiteren Kreisen bin ich,
glaub' ich, als Schilderer guter Mittagessen geschätzt.
Thomas Mann
(Der französische Einfluß. 1904) (X, 837)[1]

Thomas Mann war nicht nur ein Gourmet des geschriebenen Wortes.

Hier wird der Leser an den gedeckten Tisch der Mannschen Phantasie gebeten, um, verführt von dem Autor – das Augenmerk speziell auf feine gastronomische Passagen seiner Bücher gerichtet – diesen selbst als Gourmet im wahrsten Sinne des Wortes zu entlarven.

Ein Kunstwerk läßt sich nicht in Bestandteile zergliedern. Es wirkt immer als ein Ganzes. Und so sind die Essensbeschreibungen eines Dichters ein Element dessen gesamter ästhetischer Weltsicht.

Doch gerade Thomas Mann legt so viel Gefühl und Meisterschaft in die literarische Gastronomie hinein, seine kulinarischen Offenbarungen sind derart zahlreich, genau und „erotisch", daß wir nicht der Versuchung widerstehen können, sie als eigenständige Dichtung zu genießen. In ihnen wird das alltägliche Brot – in dem buchstäblichen Sinne dieses Wortes – auf die Ebene der Poesie gehoben; sie lassen das Fest des in die Kunst umgesetzten Lebens vielleicht noch deutlicher wahrnehmen als andere literarische Komponenten es tun.

Kulinarische Bilder waren für Thomas Mann nicht nur Details einer fiktiven Welt. Manches Mal wurden sie zu Symbolen bestimmter Erfahrungen seines eigenen Lebens. Zum Zeichen der Versöhnung mit dem Bruder Heinrich – seinem ewigen Gegenspieler und Gegenstand seines großen seelischen Schmerzes – wird ein mit der Kindheit und dem Naschen verbundenes, erträumtes Erlebnis: „Mir träumte", schrieb er in sein Tagebuch am 30. September 1918, „ich sei in bester Freundschaft mit Heinrich zusammen und ließe ihn aus Gutmütigkeit eine ganze Anzahl Kuchen, kleine à la crème und zwei Bäcker-Tortenstücke, allein aufessen, indem ich auf mein Anteil verzichtete."[2]

Allein schon an der Eigenart dieser sich im Traum vollziehenden Versöhnungsszene der zu der Zeit auf dem Höhepunkt ihres geistigen Zwistes befindlichen Dichter-Brüder spürt man, welche Bedeutung assoziative Reisen durch die Welt der Gaumenfreuden für Thomas Mann hatten. Unbewußt, im Traum,

---

[1] Hier und weiter wird nach der folgenden Ausgabe zitiert: Thomas Mann. Gesammelte Werke in dreizehn Bänden. Frankfurt am Main 1990 (Band und Seite).
[2] Thomas Mann. Tagebücher 1918–1921. Frankfurt am Main 1979, S. 19.

oder bewußt, beim künstlerischen Schöpfungsakt – waren sie ein Teil seiner Welt, der Welt der Schönheit, des Überschusses und des Friedens.

Thomas Mann hatte ein langes Leben – achtzig Jahre, in denen sich auch die Eßkultur mehrfach änderte. Die typischen Tafelfreuden seiner Kinderzeit – die feine Art, üppig hanseatisch zu schmausen – finden wir in den „Buddenbrooks" verewigt. Seit seiner Jugend in Lübeck wechselte er seinen Wohnsitz nicht nur einmal: München, Südfrankreich, die Schweiz, Amerika, begleitet von Reisen durch die ganze Welt. Trotz dieser Länder- und Epochenwechsel dominiert das Eine in seinen kulinarischen Vorlieben: *Auserlesenheit*. Eine Mahlzeit mußte immer auch ein ästhetisches Erlebnis für ihn sein; die Präsentation, die Speisefolge und die Gesellschaft bei Tisch bestimmten seine „Essensrezeption" mit. Ein ohne Geschmack und Phantasie zubereitetes Menü konnte unseren Dichter aus dem seelischen Gleichgewicht werfen.

Thomas Manns kulinarische Dichtung verbindet Realität und Fiktion großzügig. Mit so manchen seiner Figuren hat er bestimmt in Wirklichkeit gespeist; mit anderen aber nur in seinen künstlerischen Träumen.

Doch diese wie jene gehören seiner literarischen Welt an – einer Welt mit verschwommenen Wahrheitsgrenzen. Und so wollen wir uns vorstellen, daß sie alle irgendwann einmal mit ihrem Schöpfer an einem Tisch gesessen haben...

Das Frühstück – „dieser herrliche erste Imbiß des Tages", um mit seinen eigenen Worten zu reden – übertraf in seinen Augen „jede späte Mahlzeit an Reiz und Wert" (XI, 14). Dasselbe auf Reisen hatte für ihn eine besondere Bedeutung, sei es im Zug, auf einem Schiff oder vor allem im Hotel. Das ersehnte Klopfen an die Tür, die Begrüßung durch einen gut geschulten Kellner, das Geräusch des Teewagens, das Klirren des Porzellans, kleine, fast „intime" Mengen – als ob auf ihn und die Frau Katia allein zugeschnitten (das Herrlichste darunter war natürlich der Honig, den er „unter allen Dingen am liebsten aß"[3] – ein wahres kulinarisches Kammerkonzert, das ihn auf einen erfüllten Tag voller angenehmer Erlebnisse einstimmte. Wenn er jedoch „den Zimmerdienst nicht in Anspruch nehmen wollte", so machte es ihm Spaß, die Gäste im Speisesaal zu beobachten oder den „elastischen" Bewegungen eines Felix Krull zu folgen, der ihm und seiner Frau „den Tee, das Oatmeal, den Toast, das Eingemachte, den gebackenen Fisch, die Pfannkuchen in Sirup" servierte (VII, 473).

Es wäre aber ein Irrtum, zu glauben, daß Thomas Mann unbedingt die Atmosphäre einer exklusiven Reise brauchte, um die erste Mahlzeit des Tages genießen zu können. Als junger Mann wurde er vom Frühstück im Terras-

---

[3] Thomas Mann. Briefe an Paul Amann. 1915–1952. Lübeck 1959, S. 61.

Bei einer Mahlzeit (Aufnahme aus dem Jahr 1938)

senzimmer einer Lübecker Sommervilla nicht weniger angezogen. An Stelle des Kaffees oder Tees wurde dort eine Tasse Schokolade („ja, jeden Tag Geburtstagsschokolade") „mit einem dicken Stück feuchten Napfkuchens verabreicht" (I, 61). Dabei pflegte er die Gesellschaft einer reizenden jungen Dame aus dem Hause Buddenbrook. Diese begleitete er auch nach Travemünde, ins Haus des Lotsenkommandeurs Schwarzkopf, wo es fast zu jeder Mahlzeit seinen geliebten Honig gab – den Scheibenhonig, ein reines Naturprodukt (I, 123).

Ob er Herrn Grünlichs englisches Frühstück mit einem „leichtgebratenen Kotelett" in demselben Maße wie Tony widerlich fand (I, 199), wissen wir nicht. Vielleicht erging es ihm genau wie ihr beim Anblick eines reichhaltigen warmen Hotelfrühstücks, denn sicherlich besann auch er sich seiner hanseatischen Wurzeln, die ganz konventionell weniger deftige Frühstücksofferten vorsahen.

Restaurant „Prunier", Paris, rue Duphot 9
(Aufnahme von einer Postkarte Anfang des 20. Jahrhunderts)

Auch das zweite Frühstück ließ er sich nicht gerne entgehen. In Paris – um wieder auf die Reisen zurückzukommen – war beispielsweise das „Prunier" in der Rue Duphot 9, nicht weit von der Madelaine, ein geeigneter Ort – „ein Lokal für Nix und Neck, für Andersens kleine Seejungfrau", dessen Auslagetische „ein submarines Schlaraffenland von Langusten, Austern, Kaviar und Seefischen" boten (XI, 27). Dort erhielt man auch Bouillabaisse –

„ein mächtig schmackhaftes und so ausgiebiges Gericht, daß man danach nur noch Käse brauchte, um doch auch etwas nicht-Ozeanisches in den Magen zu bekommen" (XI, 28). A propos existiert das Restaurant immer noch und heißt „Goumard Prunier".

Ausschnitt einer Zeitungsreklame (aus dem Arbeitsmaterial zum Roman „Bekenntnisse des Hochstaplers Felix Krull")

Das „Gabelfrühstück" im palastartigen Lissaboner Hotel „Savoy Palace", wie es Thomas Mann mit der Feder Felix Krulls, alias Marquis de Venosta, beschreibt, spiegelt die „légère" Eleganz der damaligen vornehmen Kreise aufs Beste wieder: „Angetan mit frischer Wäsche und einem dem Klima gemäßen Habit aus leichtem, lichtem Flanell begab ich mich hinab in den Speisesaal, wo ich mich, recht ausgehungert (…), an dem Gabelfrühstück, einem Ragoût fin in der Muschel, einem vom Rost karierten Steak und einem ausgezeichneten Schokolade-Soufflé nicht ohne Hingebung gütlich tat" (VII, 554).

Vom Gesundheitlichen her war das zweite Frühstück in „Pfeiffering oder Pfeffering bei Waldshut", etwa eine Eisenbahnstunde von München entfernt, das unser Dichter mit dem einsamen Tonsetzer Adrian Leverkühn teilte, viel schonender. Dieser war, wie bekannt, ausschließlich auf leichte Kost angewiesen. Thomas Mann litt seinerseits an Magenverkrampfung und mußte ebenfalls auf seinen Speiseplan achten. Trotz seiner Veranlagung zum Gourmet durfte er nicht allen Gaumenfreuden nachgeben. Die den Diätempfehlungen gemäß im Vier-Stunden-Takt Herrn Leverkühn servierten bescheidenen Stärkungen sollten „die Verdauungsfieber großer Mahlzeiten" vermeiden helfen. So wurde ihm als zweites Frühstück „ein kleines Beefsteak oder ein Kotelett" gereicht (VI, 459).

Thomas Mann in München (um 1900)

Die größte Offenbarung seiner gastronomischen Phantasie erfuhr Thomas Mann in seinen berühmten Mittagessen. Während das Frühstück auf eine kammermusikalische Art dargestellt wird, wirken die Hauptmahlzeiten des Tages in der Mannschen Interpretation wie groß angelegte symphonische Dichtungen. Der Gangwechsel bezeichnet den Anfang eines neuen Satzes; der Klang der Instrumente ist so mächtig, daß man darin zuweilen verlorengehen kann...

Das erste große Thomas-Mannsche-Mittagsfest ereignet sich in der Mengstraße zu Lübeck. Die Buddenbrooks haben Besuch. Die Gäste treffen nach und nach ein; die Spannung steigt; der Autor, die Figuren und schließlich auch der Leser spielen mit; man fühlt sich wie in einem vollen Konzertsaal einige Minuten vor dem Erscheinen des Orchesters: das Publikum summt – Erwartung liegt in der Luft. Und nun kommt er endlich, der erste Gang: „die Kräutersuppe nebst geröstetem Brot". Man fängt an, „behutsam zu löffeln" (I, 23).

Während des angeregten Gesprächs werden „die Meißner Teller mit Goldrand" gewechselt, und es wird „der Fisch herumgereicht" (I, 25).

Nach dem erneuten Tellerwechsel erscheint „ein kolossaler, ziegelroter, panierter Schinken (...), geräuchert, gekocht, nebst brauner, säuerlicher Schalottensauce und solchen Mengen von Gemüsen, daß alle aus einer einzigen Schüssel sich hätten sättigen können. (...) Auch das Meisterwerk der Konsulin Buddenbrook, der ‚Russische Topf‘, ein prickelnd und spirituös schmeckendes Gemisch konservierter Früchte, wurde gereicht." (I, 28)

Während die Beschreibung dieses „alltäglichen" Mittagessens bei den Buddenbrooks wie eine Symphonie klingt, glaubt man in der literarischen Darbietung der großen weihnachtlichen Mahlzeit der ehrwürdigen Lübecker Familie die mächtigen Töne eines Festoratoriums zu vernehmen. Nach allerlei kleinen Imbissen setzte man sich „mit gutem Gewissen zu einer nachhaltigen Mahlzeit nieder, die alsbald mit Karpfen in aufgelöster Butter und mit altem Rheinwein ihren Anfang nahm. (...) Der Puter, gefüllt mit einem Brei von Maronen, Rosinen und Äpfeln fand das allgemeine Lob. (...) Es gab gebratene Kartoffeln, zweierlei Gemüse und zweierlei Kompott dazu, und die kreisenden Schüsseln enthielten Portionen, als ob es sich bei jeder einzelnen von ihnen nicht um eine Beigabe und Zutat, sondern um das Hauptgericht handelte, an dem sich alle sättigen sollten. Es wurde alter Rotwein von der Firma Möllendorpf getrunken." (I, 554)

Großartig speiste man auch mit dem Geheimrat Goethe zu Weimar. „Die Suppe", schreibt dazu unser steter Chronist, „eine sehr kräftige Brühe mit Markklößchen darin, hatte ringsherum bereitgestanden, als man seine Plätze einnahm". „Die Klößchen", fügt er hinzu, waren „‚treu bereitet‘, das heißt: musterhaft locker und fein von Substanz" (II, 720). Als Hauptgang wurde „ein überbackenes Fischragout mit Pilzen in Muscheln serviert" (II, 722). „Das Entremets war eine Himbeercrème, sehr duftig, mit Schlagrahm geschmückt, nebst Löffelbiscuits als Zugabe." (II, 739)

Interessantes Schlemmermaterial lieferten Th. Mann seine Aufenthalte in Italien. Schon 1895 und 1897 hatte er die Gelegenheit, die Küche dieses Landstriches kennenzulernen und ausgiebig zu verkosten. Ein wahres „Capriccio italien" über ein kulinarisches Thema resultierte jedoch erst aus den „großen Ferien 1912", die er mit den Herren Leverkühn und Schildknapp – später schlossen sich ihnen Herr Zeitblom und dessen junge Gattin an – in seinem geliebten Palestrina verbracht hatte. Dieses italienische „Musikstück" lautet wie folgt: (...) Denn, wenn wir schon eine gehaltvolle Minestra, Singvögelchen mit Polenta, Scaloppini in Marsala, ein Hammelgericht oder Wildschwein mit süßer Zukost, auch viel Salat, Käse und Früchte genossen und unsere Freunde zum schwarzen Kaffee ihre Regie-Zigaretten angezündet hatten, so konnte sie (Signora Peronella Manardi, die Hausvermieterin – A.B.) im Ton eines anregenden Vorschlags und guten Einfalls fragen: ‚Signori, jetzt – ein wenig Fisch?' – Ein purpurner Landwein, den der Advokat unter Krächzen in großen Schlucken wie Wasser trank, ein Gewächs, zu heiß eigentlich, um sich als täglich zweimaliges Tafelgetränk zu empfehlen, und zu schade wiederum, ihn zu verwässern, diente uns, unseren Durst zu stillen." (VI, 285) Nicht weniger wirksam und vielleicht sogar „erotischer" sind Thomas Manns knappe Mittagsbeschreibungen, wie etwa der folgende Bericht über die erste Mahlzeit Hans Castorps im Sanatorium „Berghof", die er natürlich vom Nachbartisch aus beobachtete: „Das Essen war vorzüglich. Es gab Spargelsuppe, gefüllte Tomaten, Braten mit vielerlei Zutat, eine besonders gut bereitete süße Speise, eine Käseplatte und Obst." (III, 26) Auch des bereits erwähnten Herrn Grünlichs sei hier gedacht: während einer seiner werbenden Visiten bei den Buddenbrooks aß er „Muschelragout, Juliensuppe, gebackene Seezungen, Kalbsbraten mit Rahmkartoffeln und Blumenkohl, Marasquino-Pudding und Pumpernickel mit Roquefort" (I, 102).

Um auf das Thema *leichte Kost* zurückzukommen, sei hier wieder des nervlich angespannten Musikers Herrn Leverkühn erinnert. Frau Schweigestill, bei der er in dem uns schon bekannten „Pfeiffering bei München" für „einhundertzwanzig Mark monatlich, Verköstigung und Bedienung eingeschlossen", quartierte, hatte ihre eigene Eßphilosophie. „Der Magen, mei Liaba", pflegte sie ihrem Gast zu sagen, „das ist meist gar net der Magen, es ist der Kopf, der heiklige, angestrengte Kopf, der wo einen so großen Einfluß hat auf den Magen, auch wenn dem selber gar nichts fehlt…" (VI, 342). Und als leichte Kost versprach sie ihm „Milch, Eier, geröstetes Brot, Gemüsesuppen, ein gutes rotes Beefsteak mit Spinat zu Mittag und hintendrein eine handliche Omelette mit Apfel-Marmelade darin, kurz, Dinge, die nährten und dabei einem heiklichen Magen genehm seien wie also dem seinen" (VI, 341).

Mysteriös und rätselhaft wirkt Thomas Manns Exkurs in kulinarische Geheimnisse Altägyptens. Mußte er sich denn als „ein höherer oder gar höchster Beamter des Großen Ernährungshauses" oder als „durchreisender Würdenträger der beiden Länder" oder vielleicht als „Kömmling und Bevollmächtigter des Auslandes" verkleiden, um bei dem Mahl des „Alleinigen Freundes des Königs" zugegen sein zu dürfen? Ob der liebenswürdige Gastgeber auch ihm mal eine Rostente, mal ein Quittengelee oder „einen vergoldeten Knochen, der mit leckeren Ringen aus Schmalzgebackenem besteckt war", schickte? (V, 1653)

Ein schönes Intermezzo sind die Thomas Mannschen Teestunden. Sie waren für ihn vielleicht eine Art nachmittägliche Wiederholung des „ersten herrlichen Imbisses des Tages": sie strahlten eine ähnliche Stimmung aus, ihr gesamter Sinn kreiste ebenfalls um kleine Mengen, den Klang des Porzellans und den Schimmer des Silberbestecks. Vielleicht geschah es aus gesundheitlichen Gründen, daß Thomas Mann in seiner reifen Zeit auf den Kaffee verzichten mußte, den er als Zwanzigjähriger als seinen Lieblingstrunk bezeichnet hatte[4], und sich dem Teegenuß zuwandte. Jedenfalls scheint ihm die Teeprozedur fast so viel wie einem Engländer oder einem Russen bedeutet

Beim Tee auf der Terrasse des Ferienhauses in Nidden, Juli 1932 (v.l.: Thomas Mann, Hans Reisiger, Katia Mann, Michael Mann, Elisabeth Mann, Monika Mann)

zu haben. Nicht weniger wichtig war sie auch für die Prinzessin Ditlinde und ihren Bruder, Seine Königliche Hoheit, den Prinzen Klaus Heinrich, in deren feiner Gesellschaft der Dichter viele Stunden verbrachte. „Der ovale Tisch, mit zartem Damast und einem blauseidenen Läufer gedeckt; ein Aufsatz mit Konfekt, längliche Schalen mit Zuckergebäck und winzigen Butterbrötchen (…), der silberne Teekessel", der auf einem Glastischchen über seiner Spirituslampe dampfte – diese Atmosphäre schätzte er bestimmt sehr. Wie Klaus Heinrich sah er der jungen Prinzessin aufmerksam zu, „wie sie die Kanne mit heißem Wasser spülte und mit einem silbernen Löffelchen Tee hineinschüttete" (II, 137).

---

[4] Thomas Mann. Unbekannte Dokumente aus seiner Jugend. Lübeck (Buddenbrookhaus. Heinrich- und Thomas Mann-Zentrum) 1993, S.9.

Bei den Buddenbrooks wurde dieses edle Getränk reichlich und nicht nur als ein „five o'clock"-Ritual genossen. Die hanseatischen Tafelsitten sollen wesentlich einfacher als die „königlich-hoheitlichen" gewesen sein, denn selbst der Senator Thomas Buddenbrook scheute sich nicht, bei manchem Frühstück den heißen Tee aus der Untertasse zu trinken (I, 486).

Weingläser aus dem Nachlaß Goethes (frühes 18. Jahrhundert)

Silberner Löffel aus dem Nachlaß Goethes mit Gravur „J.W.G. 1811" (um 1800)

Auch am Heiligen Abend, inmitten des festlichen Tumultes, wurde bei den Buddenbrooks dem Tee Tribut gezollt, der, von Bisquits begleitet, das geduldige Warten auf die bereits erwähnte nachhaltige Festmahlzeit überbrücken helfen sollte (I, 538). Allerdings war Thomas Mann nicht so egoistisch, um gemäß seinen eigenen Gewohnheiten alle anderen nur Tee trinken zu lassen. Bei Goethe servierte man beispielsweise „den Kaffee gleich bei Tische", den der Geheimrat jedoch verschmähte, „sondern nahm statt dessen zu dem Nachtisch, der (…) aus allerlei Confect, Tragantkringeln, Zuckerplätzchen und Rosinen bestand, noch ein Gläschen Südweines namens Tinto rosso" (II, 739). Zweifellos folgte er dabei dem Beispiel seines ehrwürdigen Gastes und Kollegen, Herrn Thomas Mann.

Gerne nahm unser Dichter an Spaziergängen und Ausflügen „des buntscheckigen Freundeskreises" teil, der einige bemerkenswerte Bewohner des Zauberberg-Sanatoriums vereinigte. Es bleibt aber ein Geheimnis, was ihn hier anzog: sei es die Möglichkeit, dem ewigen Disput der Herren Settembrini und Naphta schmunzelnd zuzuhören, oder das reichhaltige Angebot von so manchem Wirtshaus an „klassischen Gaben", wie etwa: „Rahmkaffee mit ländlich Gebackenem oder saftigem Käse auf duftiger Alpenbutter, die auch zu heißen, gerösteten Kastanien wundervoll mundete, dazu Veltliner Roten, soviel das Herz begehrte…" (III, 821f.).

Langsam führen uns die gemächlichen Tee- und Kaffeestunden zum Ausklang des Tages und zu dessen letzter Mahlzeit. Bei der Darbietung des Abendbrots wirkt Thomas Manns Feder keinesfalls durch das Tagewerk ermüdet. Mit nicht nachlassender Energie und Erfindungsgabe bringt er eine Dichtung nach der anderen zu Papier: mal eine abendliche Tafelserenade, mal eine kleine kulinarische Nachtmusik... Seine Tagebücher bezeugen, daß das Leben selbst einem so gut situierten Schriftsteller wie ihm nicht immer Stoff zu auserlesenen Essensbeschreibungen lieferte. So z.B. in der Zeit, als er „eine viehische Köchin" hatte[5] – diese Charakteristik bezieht sich offensichtlich sowohl auf ihre gesamte Ausstrahlung als auch auf ihre Kochkunst –, mußte er sich manchmal mit „Roheiern und Punsch als Abendessen" begnügen[6]. Doch dies war eher eine Ausnahme. Und wenn manche Erzählung mit einem hoffnungslos traurigen kulinarischen Auftakt beginnt wie etwa: „Als Hauptgericht hat es nur Gemüse gegeben, Wirsing-Koteletts; darum folgt noch ein Flammeri, hergestellt aus einem der nach Mandeln und Seife schmeckenden Puddingpulver, die man jetzt kauft" (VIII, 618) – so ist es ein Zeichen, daß sich eine gewisse Tristesse auch durch den ganzen Aufsatz ziehen wird.

Daß ein Abendbrot auf Reisen nicht weniger schmackhaft als das Frühstück gestaltet werden konnte, beweist das Beispiel Felix Krulls. Im Wagon-Restaurant des Nord-Süd-Expresses wandte er sich „der Platte mit Ölsardinen, Gemüsesalat und Sellerie" zu, die man ihm anbot, und gab eine Flasche Ale in Auftrag (VII, 530).

Daß in Fräulein Weichbrodts Pension zum Abendessen einmal „Bischof" gemacht wurde – „ein roter und süßer Punsch" – muß dem Dichter eine der Pensionärinnen erzählt haben, vielleicht auch das Fräulein Tony Buddenbrook selbst, zu dessen Ehren dieses kalt zu genießende Getränk ja zubereitet wurde (I, 87). Und Mademoiselle Popinet, die Französin, wird leicht errötend hinzugefügt haben, daß sie sich wegen der strengen Blicke Fräulein Weichbrodts nicht getraut habe, vom kalten Kalbsbraten mit Gélée ordentlich auf den Teller zu nehmen (I, 87f.).

Eine wahre Eßorgie spielte sich eines Abends im Salon des Sanatoriums „Berghof" ab. Ins Leben gerufen und geleitet vom suprämen Mynheer Peeperkorn, dauerte sie bis in die Nacht hinein, und ihre Beschreibung wird selbst die kühnsten Träume eines verwöhnten Feinschmeckers übertreffen. Zuerst sollte der Wein kommen, „ein weißer Chablis vom Jahre 06, drei Flaschen fürs erste und Süßigkeiten dazu..." (III, 777). Nach einer Unterbrechung, in der vingt et un gespielt wurde, bestellte der majestätische Holländer „Stärkung für die Runde, eine Kollation, Fleisch, Aufschnitt, Zunge,

---
[5] Thomas Mann. Tagebücher 1918-1921, S. 4.
[6] Ebenda, S. 16.

Gänsebrust, Braten, Wurst und Schinken – Platten vollfetter Leckerbissen, die, mit Butterkugeln, Radieschen und Petersilie garniert, prangenden Blumenbeeten glichen" (III, 780). Doch diese Stärkung genügte seinen Ansprüchen nicht, da er schon nach einigen Bissen in Zorn geriet und sie für „Firlefanz" erklärte. „Er wollte Omeletten für sich und die seinen – für jedermann eine gute Kräuter-Omelette. (...) Auch stellte sein Behagen sich völlig wieder her, als die dampfende Speise auf mehreren Platten erschien, kanariengelb und grün gesprenkelt, einen weichlich warmen Duft von Eiern und Butter im Zimmer verbreitend" (III, 780f.). Und als nach einer Zeit voller Spiel, Gesprächen und lauter Geselligkeit die Stimmung des Kreises nachzulassen schien, bestellte er „Champagner, drei Flaschen Mumm & Co., Cordon Rouge, très sec; dazu petits fours, köstliche, kegelförmige kleine Schlemmerbissen, mit farbigem Zuckerguß überkleidet, von zartestem Biskuitcharakter, im Innern benetzt von Schokolade- und Pistaziencreme..." (III, 790). Dann kamen noch Kaffee, Liköre, später saure Fischfilets und Bier dazu, und etliche Sorten Tee als Abrundung des bis in den Morgengrauen andauernden Abendmahls, gleichsam als eine Brücke zum nahenden Frühstück, das wieder eine neue Runde der unendlichen Genußgeschichte markierte...

Seit dem Beginn des 20. Jahrhunderts, als Thomas Mann sich nur als Schilderer guter Mittagessen gewürdigt fand, hat er die Weltliteratur noch um weitere lebensvolle Essensbeschreibungen bereichert. Damit hat er abermals bewiesen, daß die Feder eines großen Geistes auch die Sorge um das leibliche Wohl zu Dichtung werden lassen kann.

2. Zum praktischen Nachträumen

Habent sua fata libelli
Habent sua fata epulae.

Bücher haben ihre Schicksale.
(Aus einem spätlateinischen Gedicht)
Speisen haben ihre Schicksale.

Kein anderer „Bereich" der Kunst bietet dem Kunstfreund solche Möglichkeiten zur „Materialisierung" eigener Eindrücke wie die Darstellung der Tafelfreuden. Eins der größten Geheimnisse eines wahren Literaturwerkes besteht wohl darin, daß man sich als Leser unwillkürlich hineinlebt und unbewußt mitspielt, indem man der Handlung und den Charakteren folgt. Gerade kulinarische Bilder können diese geträumten Erlebnisse zur Realität machen, denn schließlich braucht man nur etwas Inspiration und etwas Erfahrung in der Kochkunst, um literarisch zu genießende Speisen in kulinarisch zu genießende zu verwandeln. Und was Thomas Manns Werk betrifft, so wäre es geradezu undankbar, dermaßen zahlreiche und so gefühlvoll beschriebene Speisen lediglich in der Phantasie zu goutieren. So will ich auf ausgewählte geträumte Köstlichkeiten, die ich bereits nach Mahlzeiten „geordnet" habe, vom Geschichtlichen und – in der Hauptsache – vom Praktisch-Kulinarischen her eingehen. Jedes Kochbuch, ja sogar jedes Rezept ist auf seine Weise ein Dokument der jeweiligen Epoche. Aus diesem Grunde habe ich mich bemüht, mich an die Zubereitungsarten und die Schreibweise der Zeit zu halten, in der die Romane unseres Dichters jeweils spielen.

Thomas Manns Vorliebe für den „herrlichen ersten Imbiß des Tages" hing sicherlich auch mit der Unbestimmtheit und „Dehnbarkeit" des Begriffes Frühstück zusammen. Noch in der ersten Hälfte des 19. Jahrhunderts schloß dieser je nach Ort, Geschmack und Verhältnissen fast überall praktisch alles ein, was sich ein eben erwachender Gourmet nur erträumen kann: von Austern mit Zitronen bis hin zu Fleisch- und Fischspeisen, begleitet von „feinen spanischen Weinen"[7]. Übrigens, am 2. Juni 1934 verzehrte Thomas Mann selbst, laut einer Tagebucheintragung, ganz im Geiste dieser alten Tradition „ein gutes Frühstück aus Hors d'œuvres, Milchnudeln, Kalbsbraten, Käse und Erdbeeren"[8]. In den meisten deutschen Landen reduzierte es sich dann aber auf den „einfachen Morgenimbiß, der nur aus Kaffee, Tee oder Kakao mit

---

[7] Neuestes vollständigstes Handbuch der feinen Kochkunst. Von G.E. Singstock, vormals Küchenmeister des Hochseligen Prinzen Heinrich von Preußen, Königliche Hoheit. Berlin 1819, Teil III, S. 183 (weiter als Handbuch 1819)
[8] Thomas Mann. Tagebücher 1933–1934. Frankfurt am Main 1977, S. 100.

Weißbrot, Butter, verschiedenem Gebäck, allenfalls auch weichen Eiern, Obstmarmeladen oder Honig bestand"[9]. Doch die großen Hotels, in denen der Dichter auf seinen Reisen abstieg, sahen alle möglichen Frühstückstraditionen und -gewohnheiten vor, und so wird für ihn wohl diese erste Mahlzeit jedes Mal eine Art Überraschung, fast ein Abenteuer gewesen sein. So muß es auch im Pariser „St. James et d'Albany", in dem der „unaufhaltsame Aufstieg" Felix Krulls begann, ausgesehen haben. Übrigens existiert dieses Hotel immer noch, nur liegt der Haupteingang nicht mehr in der rue Saint Honoré 211, wo er früher war (VII, 392), sondern dort, wo sich damals der kleine, hauptsächlich vom Personal benutzte Eingang befand – in der parallelen rue de Rivoli 202. In der Verlegung des Haupteingangs könnte ein Thomas-Mann-Freund vielleicht ein Symbol für den Standeswechsel Krulls vom Liftboy zum Marquis erkennen.

Das Frühstück im „St. James et d'Albany", wie Thomas Mann es im „Felix Krull" skizziert, erinnert vor allem an die „englischen Sitten". Das Oatmeal (Haferflocken), die Pfannkuchen und der gebackene Fisch scheinen hier keinen ausführlichen kulinarischen Kommentar zu verdienen. Ich beschränke mich nur auf die Bemerkung, daß die Kochbücher des fin de siècle, in welchem der Hochstapler-Roman spielt, dafür Dutzende von Rezepten beinhalten. Diese sind in der Regel sehr aufwendig und haben mit unserer heutigen Zubereitungsart wenig zu tun. Ähnliches gilt auch für das leichtgebratene Kotelett Herrn Grünlichs, das nicht so einen selbstständigen kulinarischen Wert hat, wie schlechthin der Illustration des Snobismus dieser unbeliebten Figur dient.

Viel charaktervoller, obwohl nicht weniger knapp beschrieben, sind Tony Buddenbrooks Frühstücksfreuden während ihres Aufenthalts in der Villa der Großeltern. Zur *Schokolade*, deren Genuß anstelle des gewöhnlichen Tees und Kaffees dabei eine besondere Bedeutung beigemessen wird, sei hier einiges gesagt. „Wenn man auf ein reiches und gutes Frühstück eine tüchtige Tasse guter Chocolade setzt", schrieb 1825 der berühmte Gastronom A. Brillat-Savarin, „so wird man drei Stunden nachher vollkommen verdaut haben, und mit Appetit zu Mittag speisen... Ich habe einen Versuch aus reinem Eifer für die Wissenschaft und mit Aufbietung grösster Beredtsamkeit von vielen Damen anstellen lassen, welche versicherten, sie würden den Tod davon haben. Es bekam ihnen stets ausserordentlich wohl und sie priesen den Professor."[10] Allerdings war Tony noch zu jung und zu „romantisch", um sich mit Problemen der Verdauung zu beschäftigen. Die Schokolade, die noch

---

[9] Universal-Lexikon der Kochkunst. Sechste, verbesserte und vermerkte Auflage. Leipzig 1897, Bd. 1, S. 332 (weiter als Lexikon 1897).
[10] Physiologie des Geschmacks oder Physiologische Anleitung zum Studium der Tafelgenüsse. Von A. Brillat-Savarin. (Deutsch von C. Vogt). Braunschweig 1865, S. 98.

fünfzig Jahre vorher fast ausschließlich der Morgentrunk der Reichen gewesen war, war immer noch ziemlich teuer, und ihr Genuß zu einem gewöhnlichen Frühstück stimmte Tony feierlich.

Das folgende Rezept für den *feuchten Napfkuchen* ist dem noch heute bekannten „Praktischen Kochbuch" von Henriette Davidis entnommen, dessen erste Auflage 1845 erschien. Wie bei vielen Backrezepten jener Zeit ist hier die verschwenderische Üppigkeit bei der Verwendung bester Zutaten nicht zu übersehen – denn in welchem Kuchen findet man heutzutage noch 15 Eier?

Napfkuchen

$^{1}/_{2}$ kg feines Mehl, welches der Klümpchen wegen durch einen Durchschlag getrieben wurde, 375 g abgeklärte und wieder kalt gewordene Butter, 250 g durchgesiebter Zucker, 15 Eier, abgeriebene Schale einer Zitrone, ein Stückchen feingeschnittene Succade und 30 g frische gewässerte, mit Milch zerrührte Hefe und 1/2 Theelöffel Salz.

Nachdem die genannten Teile gehörig durchwärmt, auch im Winter die Eier in warmem Wasser erwärmt worden und die Hefe mit etwas warmer Milch und 1 Theelöffel Zucker aufgelöst, reibe man die Butter zu Schaum, rühre allgemach Zucker, Salz und Zitronenschale hinzu, sowie auch abwechselnd 1 Eßlöffel Mehl, 1 ganzes Ei und fahre damit fort, bis alles verrührt ist, hierauf wird die Hefe durchgemischt. Dann schlage man den Teig mit der runden Seite des Rührlöffels so lange, bis er überall Blasen wirft, lasse ihn in der zugerichteten Form langsam etwa $1^{1}/_{2}$ Stunde zugedeckt an einem zugfreien Orte aufgehen und backe den Kuchen bei guter Mittelhitze 1 Stunde[11].

War das erste Frühstück zuweilen schon sehr reichhaltig, so erfuhr das zweite Frühstück in Form eines Crescendos noch eine Steigerung bis hin zum Höhepunkt – dem Mittagessen. Es wurde auch Gabelfrühstück oder lunch genannt und zwischen 11 und 1 Uhr eingenommen. Das ehrenwerte alte Lexikon berichtet davon wie von einem Frühstück, „zu dem man Gäste einladet, eine Art der Gastfreundschaft, die unter Herren besonders beliebt ist, weil bei solchen größeren und kleineren Frühstücken keinerlei steife Etikette mitzusprechen hat, sondern mehr Behagen und Gemütlichkeit zu herrschen pflegt"[12].

---

[11] Henriette Davidis-Holle. Praktisches Kochbuch für die gewöhnliche und feinere Küche. Achtunddreißigste vermehrte Auflage. Bielefeld und Leipzig 1900, S. 563f. (weiter als Davidis).
[12] Lexikon 1897, Bd. 1, S. 333.

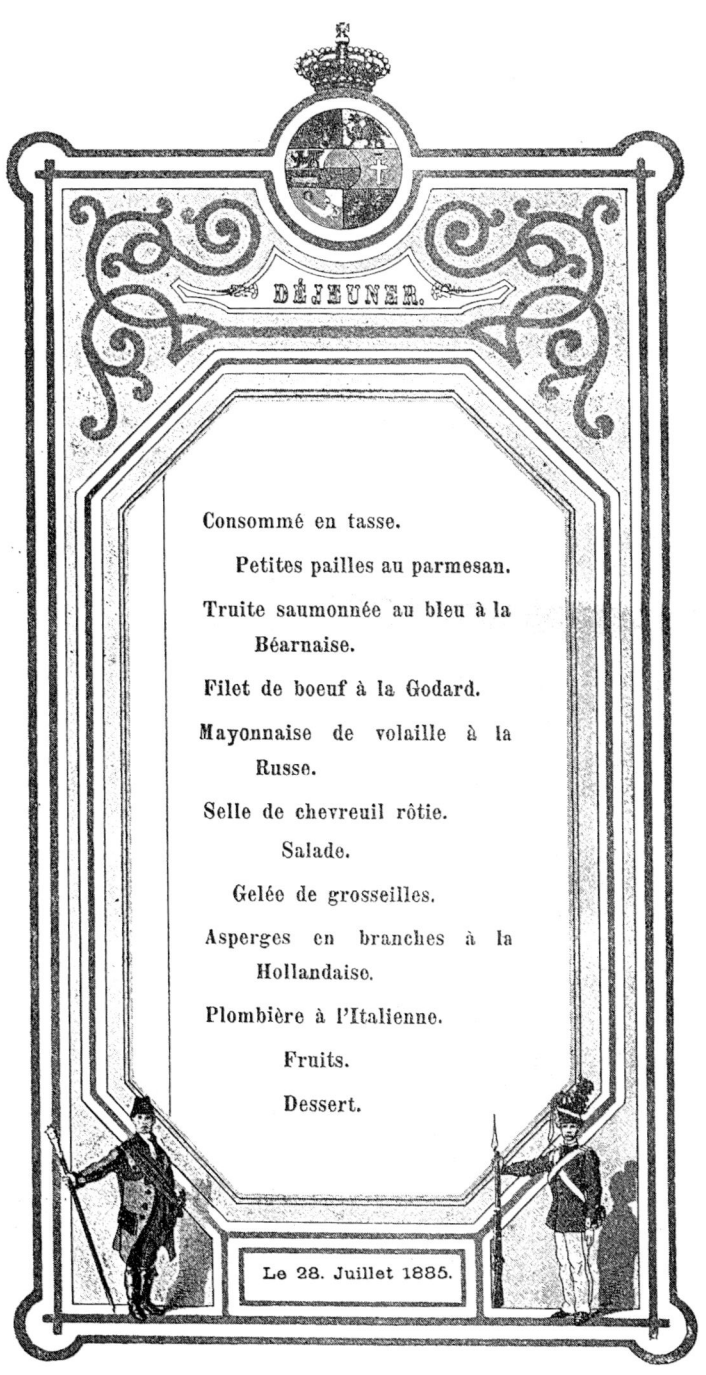

Die Speisefolge eines repräsentativen, aber typischen zweiten Frühstücks jener Zeit (hier: ein Galafrühstück bei dem Großherzog von Mecklenburg-Schwerin, 1885)

Thomas Mann fühlte sich während seines Paris-Besuches im Jahre 1926 bei „Prunier" sicherlich sehr behaglich. Dieses besonders bei deutschen Touristen beliebte und schon damals berühmte Fischrestaurant führte, den Reiseführern der Zeit nach zu beurteilen, die besten Austern, Hummer, Muscheln und die vorzüglichste Bouillabaisse in Paris. Da ich über kein Prunier-Originalrezept für die Bouillabaisse verfüge, möchte ich über diese provençalische Nationalfischsuppe nur allgemeines berichten: wie die meisten Gerichte der provençalischen Küche gehört sie nicht unbedingt zum Feinsten und wird aus Fischen, die man eben hat, Muscheln, Zwiebeln, Tomaten, Knoblauch usw. über sehr raschem Feuer zubereitet.

Nebenbei gesagt, wohnte das Ehepaar Thomas Mann während dieses Paris-Besuches im *erstrangigen* Hotel du Palais d'Orsay, am quay d'Orsay 9, und der Fußweg zur rue Duphot, wenn es den Herrschaften beliebt hätte, ihn einzuschlagen, hätte nicht allzuviel ihrer Zeit in Anspruch genommen.

Doch nun zurück zu den Romanen.

Sehr behaglich – wenigstens für Felix Krull – verlief das Gabelfrühstück im Lissaboner „Savoy Palace". Die klassische Zubereitung eines *Ragout fin in der Muschel* zeichnete sich dadurch aus, daß die Fleischzutaten (hauptsächlich Kalbfleisch) mit Fisch ergänzt wurden, und es sich auf diese Weise gleichsam der Meeresfrucht, in der es serviert wurde, geschmacklich näherte. Die Ingridienzien sind aber für die heutige Zeit so abstoßend – man nenne nur Kalbshirn, Rückenmark oder Ochsengaumen[13] –, daß ich anstatt dieses Gerichtes ein anderes vorstellen will, zumal sein Rezept gewisse Berührungspunkte mit unserem Felix-Krull-Kontext hat. Es handelt sich um ein Kalbsragout nach portugiesischer Art, wie es Auguste Escoffier zubereitete.

Es wäre allerdings naiv zu glauben, daß ein solches Hotel wie „Savoy Palace" unbedingt portugiesische Küche führte, weil es sich in Lissabon befand. Die Atmosphäre großer Luxushotels war auch früher international-kosmopolitisch, was unter anderem deren Namen, an großherrschaftliche Paläste europäischen Ranges erinnernd, symbolisieren sollten: Ermitage, Residence, Imperial, Grand-Palais... Doch wenn wir Krulls Werdegang bis nach Portugal verfolgen – warum nicht auch hier *nach portugiesischer Art?*

Zuerst wollen wir aber dem Schöpfer dieses Rezepts Tribut zollen. Auguste Escoffier war von 1889 bis 1897 der Chefkoch des „Savoy" – allerdings nicht in Lissabon, sondern in London, in dem in der Strand WC 2 gelegenen, luxuriösesten Hotel der englischen Metropole. Dorthin wurde der große Cuisinier vom glorreichen César Ritz eingeladen, der das Hotel leitete. Auch Thomas Mann stieg in diesem Hotel während seiner London-Besuche im Mai 1947, im August 1950 und im Juni 1953 ab. Das Rezept hat also sowohl mit „Savoy" als auch mit Portugal zu tun.

---
[13] Ebenda, S. 184.

Kalbsragout nach portugiesischer Art

Zu diesem Ragout verwendet man Brust, Schulter und Halsstücke. Man brät sie in heißem Öl an und fügt eine große gehackte Zwiebel und eine zerdrückte Knoblauchzehe hinzu. Sobald die Stücke gut angebraten, gieße man das Öl ab, lösche mit 2 Deziliter Weißwein ab, koche ein, fülle mit 1 Liter braunem Fond auf und füge 1 kg frische geschälte ausgedrückte und grobgehackte Tomaten (oder $^3/_4$ Liter Tomatenpüree) sowie 1 Kräutersträußchen hinzu. Man koche langsam 1½ Stunde. Die fertigen Stücke in eine saubere Kasserolle geben, 1 kg grobgehackte Tomaten und zwei Prisen grobgehackte Petersilie hinzufügen. Die Sauce darüberpassieren, nochmals 20 Minuten brotzeln lassen und in einer Schüssel anrichten[14].

Zur damaligen Zeit war das Studium einer Speisekarte nicht so leicht wie heute. Der Gast arbeitete sich durch eine ganze Menüfolge hindurch, die nach strengsten Regeln komponiert und in Französisch verfaßt wurde. So hieße auch unser Kalbsragout auf einer vornehmen Speisekarte *Sauté de Veau à la Portugaise.* Das *Schokolade-Soufflé* fand Felix Krull ausgezeichnet. Das folgende Rezept von Escoffier mag hier Verwendung gefunden haben.

Soufflé au Chocolat für 4 Personen

1 Deziliter Milch, 35 g Zucker, 20 g Kartoffelmehl, 10 g feine Butter, 2 Eigelb und 3 Eiweißschnee. Die Milch mit dem Zucker zum Kochen bringen, das mit 1 Eßlöffel kalter Milch angerührte Kartoffelmehl hinzufügen, 2 Minuten kochen und abseits des Feuers mit der Butter, den Eigelb und dem festen Eiweißschnee vollenden. Der fertigen Masse 50 g Schokolade beifügen[15].

An dieser Stelle sei noch angemerkt, daß es wiederum unser Maître Escoffier war, der das Dessert aus Pfirsich, Vanille-Eis, Schlagsahne und Karamell-Häubchen kreierte und nach der Opern-Diva Nelly Melba *Pêche Melba* taufte. Diese feinste Nachspeise war auch Felix Krull nicht unbekannt (VII, 504).

---

[14] Auguste Escoffier. Kochkunstführer. Autorisierte deutsche Übersetzung der fünften französischen Auflage von W. Bickel. Gießen, ohne Jahr, S. 402, 405, 406 (weiter als Escoffier).
[15] Ebenda, S. 634.

Weil wir auf Adrian Leverkühns und Thomas Manns *leichte Kost* noch zurückzukommen beabsichtigen, wollen wir jetzt das zweite Frühstück des Musikers überspringen und uns den Mittagessen zuwenden.

Es gab bereits zahlreiche Versuche, die großzügigen Buddenbrookschen Mittagessen dem modernen Gaumen zugänglich zu machen. Anfang der 70er Jahre vom damaligen Inhaber des Lübecker „Schabbelhauses", Roland T. Kaiser, ins Leben gerufen, wird das „große Menü" inzwischen von mehreren Restaurants der Hansestadt nachgekocht. Und wenn man bedenkt, daß Thomas Mann sich bei der „literarischen Bearbeitung" dieser Tafelfreuden auf die alte Hanseatische Familientradition stützte, so möchte man fast glauben, daß jede ansässige Lübecker Familie ihre eigene Version der Buddenbrookschen Speisen vorschlagen könnte. Einige der Rezepte, die ich anbieten will, stammen aus einem „Kochbuch aus Lübeck".

Kräutersuppe

250 g Querrippe, 500 g Hühnerklein, 1 Schinkenende, 1 Markknochen, 1 Bund Suppengrün, 1 Lorbeerblatt, 1 Teelöffel Senfkörner, 1 Teelöffel Pfefferkörner, 3 Pimentkörner, 1 Teelöffel Salz, 1 Handvoll frische Küchenkräuter (Petersilie, Dill, Schnittlauch, Kresse, Kerbel, Thymian, Melisse, Basilikum, Ysop, Sauerampfer, Pumpinelle), 1 kleine Schalotte, 1 Eßlöffel Weinbrand.

Das Fleisch waschen und mit 1½ Liter Wasser zum Kochen bringen. Das kleingeschnittene Suppengemüse dazugeben, die Gewürze unterrühren. Bei geringer Hitze 2½ Stunden köcheln lassen, gut abschäumen. Über Nacht auskühlen lassen, entfetten und klären. Noch einmal aufkochen, frisch gehackte Kräuter unterziehen und die Schalotte hineinreiben. Mit Weinbrand abschmecken. Das Mark aus dem Knochen lösen, in Scheibchen schneiden und einlegen. Dazu reicht man geröstetes Brot[16].

Da der nächste Gang, *Fisch*, von unserem Dichter ohne jeden Kommentar erwähnt wird, widmen wir uns dem praktischen Studium des übernächsten – des *panierten Schinkens*. Doch zuvor noch einiges zum Benehmen am Tische. Das Tranchieren des Schinkens übernahm wie bekannt Lebrecht Kröger. „Die Ellenbogen in legerer Weise erhoben, die langen Zeigefinger gerade auf den Rücken von Messer und Gabel ausgestreckt, schnitt er mit Bedacht die saftigen Stücke hinunter." (I, 28) Als Bestätigung der vorzügli-

---

[16] Das Kochbuch aus Lübeck. Gesammelt und aufgeschrieben von Jutta Kürtz. Münster 1989, S. 107 (weiter als Kürtz).

chen Manieren Herrn Krögers sei hier aus Adolf von Knigge's „Über den Umgang mit Menschen" (1788), ehemals eines der maßgebendsten „Umgangsbücher", zitiert: „Schon das Halten von Messer und Gabel will gelernt sein. Die Finger müssen stets möglichst leicht oben auf den Griffen ruhen."[17]

Schinkenbraten mit Schalottensauce

1 geräucherter Schinken (8 bis 10 kg schwer), Milch, 500 g Zwiebeln, 6 Lorbeerblätter, 1 Eßlöffel Pfefferkörner, 1 Eßlöffel Senfkörner, 1 Eßlöffel Pimentkörner, 1 Eßlöffel Thymian, 1 Eßlöffel Basilikum, 2 Bund Suppengrün, 250 g Zwieback, 100 g Butter, 1 Teelöffel Salz, 1 Messerspitze schwarzer Pfeffer, 1 Messerspitze Nelkenpuder, 1 Prise Zucker. Den Schinken zwei Tage lang abwechselnd in Wasser und Milch einlegen. Die Flüssigkeit häufig erneuern. Mit frischem Wasser zum Kochen bringen, gut abschäumen, Zwiebeln, Gewürze und das kleingeschnittene Suppengrün in die Brühe geben. Bei mittlerer Hitze 4 bis 5 Stunden kochen (der Schinken ist gar, wenn man mit einer Spicknadel gut einstechen kann). Den Schinken herausheben und trockenreiben. Schwarte und Fett abschneiden.
Zwieback reiben, mit Salz, Pfeffer, Nelkenpuder, Zucker und der ausgelassenen Butter gut vermischen. Über den Schinken streichen, 15 Minuten unter den Grill geben.
Nun die *Schalottensauce* zubereiten. Die Schalotten in Scheiben schneiden und in der Butter goldbraun schwitzen. Mit Salz und Zucker würzen, den Essig darübergießen. Kurz durchschmoren, dann mit Bratensaft aufgießen und 5 Minuten bei geringer Hitze köcheln lassen. Mit Weinbrand abrühren und abschmecken (eventuell noch etwas Essig dazurühren). Ganz nach Wunsch mit etwas Mehlbutter sämig rühren[18].

Ob es irgendeine Verbindung zwischen dem „*Russischen Topf*" und Rußland in Wirklichkeit gab, kann man nur vermuten. Schließlich heißt ein beliebter Blätterteigkuchen „Wiener Brød" in Kopenhagen und „Kopenhagener" in Wien…

---

[17] Ueber den Umgang mit Menschen. Von Adolf Freiherrn von Knigge. Leipzig und Weßensee bei Berlin, ohne Jahr, S. 177.
[18] Kürtz, S. 108f.

Russischer Topf oder tutti frutti-Eingemachtes

Man beginnt mit der Zubereitung dieses Eingemachten im Sommer, sobald die ersten Früchte kommen, also mit den Gartenerdbeeren, liest z.B. $1/2$ kg derselben, die ganz reif, sauber und tadellos sind, befreit sie von den Stielen und Kelchen, läßt sie einmal in $1/2$ kg geläutertem Zucker flüchtig aufkochen und thut sie in einen großen Steintopf. Nach dem Abkühlen gießt man eine halbe Flasche vom feinsten Rum darüber, bedeckt den Topf mit einem Porzellanteller und rührt die Früchte täglich einmal um. Große Gartenhimbeeren kann man ebenfalls einmal in etwas geläutertem Zucker überwallen und hinzufügen; sehr reife Sauerkirschen steint man aus, vermischt sie mit dem gleichen Gewicht gestoßenem Zucker, thut sie in einen Topf und läßt sie zehn Minuten im Wasserbad kochen, bevor man sie zu dem Übrigen fügt. Große, besonders schöne Johannisbeeren werden von den Stielen gepflückt, mit siedendem, geläutertem Zucker übergossen und nach dem Erkalten hinzugefügt; ganze Reineclauden, halbirte Aprikosen und Pfirsiche, ausgekernte Pflaumen werden wie die Kirschen mit gestoßenem Zucker vermischt, kurze Zeit im Bain-marie gekocht und hinzugethan, während man von den Stielen gepflückte Weinbeeren einen Moment in geläutertem Zucker aufkocht. Hat man schon viel Früchte in dem Topfe, so gießt man noch eine halbe Flasche Rum zu, rührt Alles sehr fleißig um, bindet später den Topf fest zu und giebt das Eingemachte als sehr angenehmes Dessert[19].

Der „Russische Topf" war nicht das einzige Dessert an jenem denkwürdigen Donnerstag bei Buddenbrooks. Obwohl der *Plettenpudding* (I, 33) im ersten Teil meiner „Lobdichtung" nicht erwähnt wurde, kann ich der Versuchung nicht widerstehen, ein Rezept dafür, welches ich von Roland Kaiser bekommen habe, anzuführen.

Der Plettenpudding

Für 4 Personen nehme man: 1 Liter Sahne, 7 frische Eigelb, dazu 1 Vanillestange und ein wenig Kartoffelmehl. Diese Crème in raschen Bewegungen über dem Feuer abschlagen. Dann in einer feinen Glasschüssel anrichten wie folgt: 1 Schicht „Schuhsohlen" (Löffelbisquit), 1 Schicht Crème wie oben beschrieben, 1 Schicht Makronen, 1 Schicht Himbeergelee, darauf Kokosflocken, 1 Schicht „Schuhsohlen", 1 Schicht Crème wie oben beschrieben, 1 Schicht Makronen, 1 Schicht Johannisbeergelee. Diese Schicht mit unserer Crème in einem Zuge verschließen. Auf die drei Crème-Schichten werden insgesamt verteilt: $1/8$ Pfund Pomeranzenschale und $1/8$ Pfund Succade.

---

[19] Lexikon 1897, Bd. 2, S. 590.

Und nun wollen wir von der „alltäglichen" kulinarischen Symphonie zum Weihnachtlichen Festoratorium übergehen.

Puter, gefüllt und gebraten

1 Pute (4 bis 4½ kg), Salz, Pfeffer, Majoran, 125 g fetter Speck, Geflügelbrühe und Malzbier zum Angießen

Für die Füllung: 250 g Zwiebeln, 125 g durchwachsener Speck, 300 g Schweinemett, 125 g Putenleber, Herz und Magen der Pute, 2 altbackene Semmel, 2 Eier, Salz, Pfeffer, abgeriebene Schale von einer Zitrone, 200 g gehackte Maronen (Eßkastanien), 125 g Rosinen, 2 große säuerliche Äpfel.

Die Pute wie üblich vorbereiten, innen und außen mit Salz, Pfeffer und Majoran ausreiben. Füllung zubereiten: Zwiebeln und Speck würfeln und goldgelb ausbraten. Das Schweinemett mit feingehackter Putenleber und sehr fein geschnittenem Herz und Magen mischen. Zwiebeln und Speck dazugeben. Die Semmeln in Würfel schneiden, in Wasser einweichen, ausdrücken und unterrühren. Die Eier unterheben. Mit Salz, Pfeffer und Zitronenschale würzen. Maronen, Rosinen und die würfelig geschnittenen Äpfel unterheben.

Die Pute füllen, dann zunähen und auf Speckscheiben in eine Bratenform legen. Im vorgehizten Ofen bei 200 Grad etwa 3½ bis 4 Stunden braten. Zwischendurch immer wieder mit etwas Brühe und Malzbier übergießen. (…) Wenn die Pute gar ist, herausheben, 5 Minuten ruhen lassen, dann tranchieren. Den Bratenfond kann man mit Sauerrahm und Weinbrand zu einer Sauce aufrühren – es schmecken aber auch andere Saucen dazu[20].

Unsere Reise durch ausgewählte Landschaften des gastronomischen Traumlandes führt uns nun nach dem Weimar von 1816. Als Vorspiel zu dieser Episode lohnt es sich, einen Augenzeugen reden zu lassen, der Goethes Mahlzeiten in ihrer „praktischen" Ausführung aus nächster Nähe kennenlernen konnte. „Wir setzten uns mit dem Rücken nach den Eichen zu", schreibt Eckermann, „so daß wir während des Frühstücks die weite Aussicht über das halbe Thüringen immer vor uns hatten. Wir verzehrten indes ein paar gebratene Rebhühner mit frischem Weißbrot und tranken dazu eine Flasche sehr guten Wein, und zwar aus einer biegsamen feinen goldenen Schale, die Goethe in einem gelben Lederfutteral bei solchen Ausflügen gewöhnlich bei sich hatte."[21] „Biskuit und schöne Trauben wurden zum Nachtisch aufgetra-

---

[20] Kürtz, S. 111.
[21] J. P. Eckermann. Gespräche mit Goethe in den letzten Jahren seines Lebens. Berlin und Leipzig, ohne Jahr, S. 37.

gen", schreibt derselbe an einem anderen Ort. „Letztere waren aus der Ferne gesendet, und Goethe tat geheimnisvoll, woher sie gekommen. Er verteilte sie und reichte mir eine sehr reife über den Tisch. ‚Hier, mein Guter', sagte er, ‚essen Sie von diesen Süßigkeiten und seien Sie vergnügt.'"[22]

Butterdose aus dem Nachlaß Goethes (erstes Drittel des 19. Jahrhunderts)

Thomas Manns Interpretation eines Goetheschen Mittagessens entspricht der Bedeutung, die es für seine Teilnehmer und Thomas Mann selbst als deren Schöpfer hat. Wie die Buddenbrooksche Mahlzeit zieht es sich, von Gesprächen angereichert, über mehrere Seiten hin. Betont vornehm und daher etwas steif, gestaltet sich das Mittagessen beim Geheimrat jedoch anders als das fröhliche Tafelfest in Lübeck.

Für die Markklößchen habe ich ein gutes Rezept aus dem Jahre 1892. Es ist zwar fast achtzig Jahre älter als die in „Lotte in Weimar" dargestellten Ereignisse, aber vom Zubereitungsprinzip und vom literarischen Stil her keinesfalls „zu modern".

---

[22] Ebenda, S. 38f.

Markklößchen

Man rühre 125 g Rindsmark zu Schaum und nach und nach 2 Eier und 2 Eidotter daran, etwas Salz und Muskatnuß und zuletzt 6 Eßlöffel geriebenes Weißbrot und forme nun mit 2 Löffeln, die man öfters in kochendes Wasser taucht, wallnußgroße Klößchen; lege diese, eins neben das andere, auf einen mit Butter leicht bestrichenen Deckel, den man, wenn die Klößchen gekocht werden sollen, entweder erwärmt oder mit einem Schöpflöffel der kochenden Brühe, worin die Klößchen gekocht werden sollen, oben angießt, wodurch die Butter schmilzt und die Klößchen unbeschädigt in die Brühe glitschen, überhaupt die beste Art, Klößchen einzulegen. Man läßt sie nun, je nachdem man sie brauchen will, in der Suppe selbst oder in gesalzenem Wasser, ungefähr 10 Minuten langsam kochen und hebt sie mit einem Schaumlöffel aus[23].

Teller aus dem Nachlaß Goethes (erstes Drittel des 19. Jahrhunderts)

Für den Hauptgang – das *Fischragout mit Pilzen* – sowie für das *Entremet* verfüge ich über Rezepte aus der Goethe-Zeit, die aus dem Handbuch eines recht vornehmen Meisterkochs stammen.

---

[23] Fred Metzler. Klaus Oster. Aal blau und erröthetes Mädchen. Das Beste aus alten Kochbüchern. Weil der Stadt 1976, S. 54.

Ragout vom Aal

Einen abgestreiften Aal in 2 Finger breite Stückchen geschnitten, mit Salz und Essig marinirt, dann mit Mehl panirt; in brauner Butter Farbe gegeben; mit Coulis, weißem Wein, Esdrajon-Essig, Trüffeln, Champignons und einem Kräuterbund, worunter einige Blätter Salbey, gahr kochen lassen; zuletzt gehackte Sardellen dazu[24].

Das Entremet (Beiessen) *definirt* Herr Singstock, vormals Küchenmeister des Hochseligen Prinzen Heinrich von Preußen, als „alles, was zum 2. Gang gehört, nämlich: feine Gemüse, welche mit Croutons, ausgebackenen oder verlornen Eyern, Eyerkuchen u. d. gl. garnirt werden können, ganzer Spargel, Fische, wozu auch gebratene Austern gerechnet werden, Krebse, Mehlspeisen, Galantines, kalte Pasteten, Aspics u. d. gl."[25]

Als Entremet zu Goethes Mittagessen läßt Thomas Mann eine *Himbeercrème* servieren.

Himbeercrem

Von einigen Himbeeren eine recht steife Marmelade ohne Zucker gemacht und durch ein Sieb gestrichen, dann mit 8 Eigelb, gestoßenem Zucker, $\frac{1}{4}$ Quart dichter saurer Sahne, Zimmet und Zitronenschale gut durchgerührt, zuletzt den recht steifen Schnee dazu auf einer Saladiere ganz langsam gebacken und dann kalt werden lassen[26].

Im Unterschied zu Goethes „Italienischer Reise" ist die Reise nach Italien, die Thomas Manns Helden unternehmen, stark kulinarisch gefärbt – um so interessanter für uns. Aus dem Weimar von 1816 begeben wir uns also nach dem Palestrina von 1912.

Das folgende Rezept zeigt, daß die *gehaltvolle Minestra* gar nicht dasselbe ist wie die uns als Minestrone bekannte Gemüsesuppe. Die Welt war damals erst im Prozeß der Eroberung durch die italienische Küche, dessen Endstadium wir heute (gerne) erleben, indem Dutzende italienischer Speisenamen aus unserem Alltag nicht mehr wegzudenken sind. Vor achtzig Jahren dage-

---

[24] Handbuch 1819, Teil II, S. 100.
[25] Ebenda, Teil III, S. 173f.
[26] Ebenda, Teil III, S. 49.

Teller aus dem Nachlaß Goethes (erstes Drittel des 19. Jahrhunderts)

gen wußte bestimmt nicht jeder, daß Minestra, Minestra di verdura und Minestrone zwar nahverwandte, aber doch verschiedene Speisen sind.

Minestra aus den alten Zeiten

250 g Reis werden mit heißem Wasser einmal gebrüht und, sobald sie auf einem Siebe völlig abgetropft sind, zuerst in Butter unter häufigem Umrühren einige Minuten gedünstet und dann ziemlich rasch ausgequellt, wobei jedoch jedes Reiskorn ganz bleiben muß; inzwischen hat man Kraut und Lattichblätter nudelartig fein geschnitten und in Salzwasser weichgekocht, ebenso einige Geflügel-Lebern und -Magen gekocht und kleingeschnitten, was man sämtlich mit dem Reis vermischt. Man überstreut den Reis mit geriebenem Parmesane, kann nach Belieben auch feingehackte Champignons, Morcheln oder junge grüne Erbsen unter denselben mengen und richtet ihn mit kräftiger Fleischbrühe oder einer Einbrennsuppe an[27].

Zu *Singvögelchen* empfiehlt es sich, das „Praktische Kochbuch" von Frau Davidis zu konsultieren. „Lerchen und andere Vögel", schreibt sie, „werden in einem irdenen Geschirr mit wenig Salz, Butter, Semmelkrumen und frischen Wacholderbeeren unter öfterem Begießen, fest zugedeckt, langsam weich gebraten. Übrigens ist es eine Unbill, so herrliche Singvögel zu verspeisen."[28] Dem pflichte ich gerne bei und überlasse den Genuß dem Gewissen Herrn Zeitbloms.

---

[27] Lexikon 1897, Bd. 2, S. 133
[28] Davidis, S. 250.

Zu den *Singvögelchen* wurde ihm Polenta gereicht, die seinerzeit auch so hätte zubereitet werden können:

Polenta

In einem Kasserol bringt man 2 Liter Wasser zum Sieden, schüttet langsam nach und nach ½ kg Maismehl und einen knappen halben Eßlöffel Salz hinein und rührt dasselbe über dem Feuer zu einem Brei ab, der so steif sein muß, daß der Löffel darin steht. Man schüttet diesen Brei auf ein Brett, formt ihn mit dem Kochlöffel zu einem dicken Klumpen, läßt ihn auskühlen und zerschneidet ihn mit einem Draht oder Messer in fingerartige, feste Schnitten; hierauf bestreicht man eine Form oder ein Kasserol fett mit Butter, streut geriebenen Parmesankäse hinein, legt schichtweise die Schnitten mit dazwischengestreutem Käse und frischen Butterstückchen hinein, streut Käse obendrauf, den man mit Butter beträufelt, und bäckt die Polenta bei guter Hitze eine volle Stunde[29].

Unter Scaloppina – Scaloppine in der Mehrzahl – versteht der Italiener traditionell ein Kalbsschnitzel. Das folgende Rezept ist zwar nicht einem Kochbuch aus den Zeiten der italienischen Ferien Adrian Leverkühns entnommen, sondern einem späteren, doch der Unterschied kann wohl nicht so groß gewesen sein. Das Rezept sowie der deliziöse Dessertwein Marsala stammen nämlich aus Sizilien. Und diese Insel ist bekanntlich in allem ihren uralten, traditionsgebundenen Methoden verhaftet.

Scaloppine in Marsala

Zutaten für vier Personen: 4 Kalbsschnitzel à 150 g, 2 Eßlöffel Butterschmalz, 150 ml trockenen Marsala (Marsala Vergine), eine Knoblauchzehe, zwei Eßlöffel eiskalte Butter, Salz, Pfeffer. Schnitzel quer halbieren und mit der stumpfen Seite des Messers dünn klopfen. Von beiden Seiten pfeffern. Knoblauchzehe schälen. Schmalz erhitzen und diese darin bei milder Hitze 2 Minuten anbraten. Knoblauchzehe herausnehmen. Temperatur erhöhen und die Schnitzel von beiden Seiten 5 Minuten braten. Schnitzel auf eine vorgewärmte Platte legen, leicht salzen und abgedeckt warm halten. Fett aus der Pfanne gießen. Bratensalz mit Marsala ablöschen und unter kräftigem Rühren loskochen. Zwei Eßlöffel eiskalte Butter einrühren und darin auflösen, mit Salz und Pfeffer abschmecken. Schnitzel in die Sauce legen und vor dem Servieren nochmals heiß werden lassen[30].

---

[29] Lexikon 1897, Bd. 2, S.61.
[30] Reinhard Hess. Sabine Sälzer. Die echte italienische Küche. Die besten Rezepte aus allen Regionen. München 1990, S. 294.

Daß zu einem Hammelgericht oder Wildschwein eine süße Zukost besonders gut paßt, ist vielleicht keine Entdeckung der italienischen Küche. Es war auch in anderen europäischen Ländern schon längst bekannt, daß der eigenwillige und kräftige Geschmack des Wild- und Hammelfleisches nach einer lieblichen Ergänzung verlangt. So wird beispielsweise zu Côtelettes de Marcassin Saint-Hubert (Wildschwein-Kotelettes St. Hubert) Apfelmarmelade und zu Côtelettes de Marcassin Saint-Marc (Wildschwein-Koteletten St. Markus) Preiselbeermarmelade serviert. Da Palestrina aber nicht weit von Rom entfernt liegt, verspeiste Herr Zeitblom Hammel oder Wildschwein wahrscheinlich mit „Römischer Sauce"?

Römische Sauce nach Escoffier

50 g Zucker zu hellem Karamell kochen und mit 15 ml Essig auflösen. Nach dem Auflösen des Zuckers 60 ml einer braunen Grundsauce und 30 ml Wildfonds hinzufügen. Ein Viertel einkochen und mit 20 g gerösteten Pignolis (Pinienkerne), 20 g vorher eingeweichten Sultaninen und ebensoviel Korinthen anreichern[31].

Speisesaal des „Waldsanatoriums" in Davos
(in dieser Umgebung ließ Thomas Mann seine „Berghof"-Patienten speisen)

---

[31] Escoffier, S. 63.

Wie bereits erwähnt, sind die Thomas Mannschen knappen Mittagsbeschreibungen nicht weniger eindrucksvoll. Sie lesen sich wie geschmackvoll zusammengestellte Gourmet-Menüs und betonen die Roman-Ereignisse auf eine besonders elegante Art.

Das Davoser „Waldsanatorium" – der „Berghof" des Romans –, in dem Hans Castorp so vorzüglich speiste, existiert heute nicht mehr. Die heutige Leitung des mit neuem Namen ausgestatteten „Waldhotel Bellevue" in der Buolstraße 3 mag ihre Gäste verständlicherweise nicht an seine „tuberkulöse" Vergangenheit erinnern. Vielleicht deswegen lassen sich keine originalen Zubereitungsarten für Spargelsuppe oder gefüllte Tomaten „à la ‚Berghof'/Waldsanatorium'" auffinden. Daher mußte ich mich an ein populäres Kochbuch wenden, dessen erste Ausgabe Ende des Jahrhunderts datiert.

Spargelsuppe

Für 2 bis 3 Personen: 350 g Spargel, $1\frac{1}{4}$ Liter Wasser, Salz, $\frac{1}{8}$ Liter süße Sahne oder Milch, 1 Prise Zucker, 20 bis 30 g = $1\frac{1}{2}$ Eßlöffel Butter, 40 g = 3 Eßlöffel Mehl, (1 Eigelb).

Der gewaschene, geschälte Spargel wird in etwa 3 cm lange Stücke geschnitten. Die Schalen werden eine halbe Stunde gekocht, die Brühe wird durchgegossen, in ihr werden die Spargelstücke weich gekocht. Von der Butter und dem Mehl bereitet man eine weiße Mehlschwitze, zu der man allmählich die Spargelbrühe gießt. Nach 10 bis 15 Minuten Kochzeit gibt man vorsichtig das mit etwas Milch verklopfte Eigelb und die Spargelstückchen in die Suppe; sie wird mit Salz und etwas Zucker abgeschmeckt. Man kann die Suppe auch von vorhandenem Spargelwasser bereiten[32].

Gefüllte Tomaten

8 mittelgroße Tomaten für 4 Personen.

Die Tomaten werden gewaschen. An der glatten Seite schneidet man eine Scheibe als Deckel ab; mit dem Stiel eines Teelöffels oder einem Kartoffelbohrer höhlt man die Tomaten vorsichtig etwas aus. Nun gibt man die betreffende Füllung hinein, legt den Deckel auf und stellt die Tomaten nebeneinander in eine Stielpfanne oder in eine feuerfeste Form, in der man etwas Butter geschmolzen und etwas Fleischbrühe heiß gemacht hat, backt sie in mäßig heißem Ofen, unter Beschöpfen, 20 bis 30 Minuten oder man schmort sie. Zur Füllung eignen sich Reis- oder Kartoffelbrei, helle Gemüse, Pilze, Klopsfleisch oder ein Frikassee[33].

---

[32] Doennings Kochbuch. 36., neu bearbeitete Auflage. München 1964, S. 63f.
[33] Ebenda, S. 266f.

Das prachtvolle Menü, das Thomas Mann für Herrn Grünlichs „offiziellen Kalbsbratenbesuch" bei den Buddenbrooks zusammengestellt hat, sollte sicherlich die Zuneigung des Senators und seiner Gattin hervorheben. Nicht zu übersehen ist auch Thomas Manns eigene Vorliebe für die kulinarische „Ragout-Form" und die Muscheln: *Ragout fin in der Muschel* bei Felix Krull, *Fischragout mit Muscheln* bei Goethe und nun

Muschel-Ragout

1 kg frische Miesmuscheln, Salz, 250 g frische Champignons, 125 g durchwachsener Speck, 2 Schalotten, 1 Bund frische Petersilie, 1 Eßlöffel Mehl, $1^{1}/_{2}$ Liter Weißwein, Salz, weißer Pfeffer, 1 Prise Zucker, 1 Messerspitze Macis, 1 Messerspitze Safranpulver, knapp $^{1}/_{8}$ Liter Sahne.
Die Muscheln säubern und waschen, die offenen Muscheln aussortieren. In wenig Salzwasser zum Kochen bringen. Bei mittlerer Hitze kochen lassen, bis sie sich öffnen. Herausheben, das Muschelfleisch auslösen, eventuell den Bart entfernen. Beiseite stellen. Den Speck sehr fein würfeln und ausbraten. Die gewürfelten Champignons darin anbraten. Schalotten dazureiben, Petersilie frisch hacken und darüberstreuen. Kurz anschmoren. Mit Mehl überstäuben, Weißwein angießen und einmal aufkochen. Bei geringer Hitze 10 Minuten köcheln lassen. Mit Salz, Pfeffer, Zucker, Macis und Safran gut würzen. Dann mit Sahne abführen, die Muscheln unterheben und bei kleinster Hitze noch einmal 5 Minuten ziehen lassen[34].

Julienne-Suppe

3 mittelgroße Möhren, 1 kleiner Kohlrabi, 1 kleine Sellerieknolle, 2 kleine weiße Rüben, 1 Lauchzwiebel, 5 mittelgroße frische Champignons, 1 Salatherz, 60 g Butter, 1 Liter Fleischbrühe, 1 Eßlöffel Weinbrand, Salz, Safran, 2 Toastbrotscheiben, Butter.
Möhren, Kohlrabi, Sellerie, Rüben, Lauchzwiebel und Champignons putzen und in Julienne-Streifen schneiden, d.h. fein stifteln. Das Salatherz aus dem Kopf lösen und in feine Streifen schneiden. Alles zusammen in Butter anschmoren. Kräftige Fleischbrühe aufgießen und einmal aufkochen. Mit Weinbrand abrühren, mit Salz und Safran abschmecken. Das Toastbrot in sehr feine Würfel schneiden und in wenig Butter in der Pfanne rösten. Zur Brühe getrennt servieren oder darüberstreuen[35].

Wie im Fall Felix Krulls will ich auf gebackenen Fisch wegen seiner mangelnden „kulinarischen Individualität" nicht eingehen. Nur sei hier erwähnt, daß die *Seezungen* damals – kaum zu glauben – kein Luxusfisch waren.

---

[34] Kürtz, S. 115.
[35] Ebenda.

Für den *Kalbsbraten* hier ein gutes hanseatisches Rezept:

Kalbsbraten mit Rahmsauce für 6 Personen

Eine Rippe im Gewicht von 3 bis 4 Pfund, ½ Liter saurer Rahm, ½ Teelöffel Salz.

Die Rippe wird im Ganzen 1 Std. gebraten. Das Fleisch wird gewaschen, mit einem Tuche getrocknet, ohne Butter angesetzt und im nicht zu heißen Ofen ¾ Std. unter fleißigem Begießen und Umdrehen gebraten (man legt sie nach jeder Viertelstunde um, begießt alle 5 Min.) Das Fett gießt man dann vollständig ab und gibt nach und nach ½ Liter sauren Rahm darüber. Die Sauce wird mit ½ Teelöffel Salz abgeschmeckt, wenn nötig, noch mit etwas ausgerührtem Weizenmehl sämig gemacht[36].

Maraschino-Pudding

60 g Mehl, 30 g Butter, 25 g Zucker, ¼ Liter Milch, 1 Prise Salz, 2 Eier, 4 Eßlöffel Maraschino, Butter und Zucker für die Form.

Das Mehl mit Butter, Zucker und Milch zu einer glatten Masse rühren und bei mittlerer Hitze zum Kochen bringen. Fortwährend rühren, bis sich der Teig vom Topf löst. Herausnehmen und abkühlen lassen. Salz und Eigelb nach und nach unterrühren. Maraschino dazugeben, das Eiweiß sehr steif schlagen und vorsichtig unterheben. Portionsförmchen mit Butter ausstreichen und mit Zucker ausstreuen. Die Puddingmasse einfüllen. Im vorgeheizten Ofen im Wasserbad bei 200 Grad etwa 1¼ bis 1½ Stunden backen. Heiß servieren[37].

Und jetzt kehren wir zur *leichten Kost* zurück, die vor allem mit dem Namen Adrian Leverkühns verbunden ist. Eine *Gemüsesuppe* tut immer gut und bietet fast unbegrenzte Möglichkeiten. Denn schließlich ist jede Suppe, die Gemüse und kein Fleisch oder Fisch enthält, eine Gemüsesuppe.

Als *leichte Kost* wurde Herrn Leverkühn auch ein *rotes Beefsteak mit Spinat* versprochen. Ob es, à point gebraten, in der Tat so leicht bekömmlich war, mag man bezweifeln. Seine „Leichtigkeit" verbarg sich wohl eher in der Beilage, im Spinat also, der in diesem Fall gewöhnliche, für den zarten Magen des Musikers – d.h. gemäß der Theorie Frau Schweigestills auch für seinen angestrengten Kopf – wehrsame Kartoffeln ersetzte. Ein gutes saftiges Beefsteak muß laut Frau Davidis mindestens 2 bis 3 Zentimeter dick sein und auf hoher Flamme 2 bis 3 Minuten auf jeder Seite gebraten werden. Ich hoffe, daß die beiden Damen, Davidis und Schweigestill, sich mit dieser Zubereitungsart im Einklang befinden.

---

[36] Geprüft und bewährt. Ein Buch der Hamburger Küche von Frau H. Behnke. Hamburg 1910, S. 77.
[37] Kürtz, S. 116.

Die von Generation zu Generation überlieferte Annahme, *Spinat* sei deshalb so gesund, weil er hochgradig eisenhaltig ist, beruht auf einem Irrtum. Vor hundert Jahren hat der französische Arzt Nicolas Schmidt seinen Eisengehalt – 1,6 mg pro 100 g – bestimmt. Doch seine Sekretärin hat sich um eine Ziffer geirrt. Seither gilt Spinat als zehnmal so wertvoll. Wie dem auch sei, bleibt Spinat ein gesundes, leichtes Gemüse, so daß dieser angebliche Wert für Frau Schweigestill nicht von Bedeutung gewesen sein mag.

Auch das *Omelette mit Apfel-Marmelade* soll man nicht außer Acht lassen. Eigentlich wurde es aus unserem Alltag durch das herzhaftere Omelette mit Schinken oder das mit Schinken und Käse – Omelette mixte, das die Speisekarte jeder französischen Brasserie ziert – beinahe verdrängt. Das Rezept aus unserem Lexikon zeigt, daß dies zu Unrecht geschah.

Omelette mit Marmelade

10 Eidotter werden mit 150 g Zucker, der abgeriebenen Schale von einer halben Zitrone und einer Messerspitze Salz zu Schaum gerührt, mit dem steifen Schnee der Eiweiße vermischt und zu zwei Omeletten verbacken, die man auf beiden Seiten etwas bräunt, mit einer Marmelade füllt, zusammenrollt, mit Zucker bestreut und mit der glühenden Schaufel glasiert[38].

Abb. 66. Mittagsmahl am Hofe König Echnatons. Rechts Echnatons Mutter mit ihrer Tochter.

Abb. aus dem Buch „Aegypten und aegyptisches Leben im Altertum" von Adolf Erman (eines der wichtigsten Nachschlagewerke für den Roman „Joseph und seine Brüder")

---

[38] Lexikon 1897, Bd. 2, S. 204.

Über kulinarische Geheimnisse Altägyptens berichtet uns manches das Fachbuch, das Thomas Mann als wichtigstes Nachschlagewerk während der Arbeit am „Joseph in Ägypten" diente. „Wie die Speisen zubereitet wurden, darüber wissen wir leider nicht viel", schreibt Adolf Erman. „Das Leibgericht der Aegypter, die Gans, wird meistens über einem Kohlenfeuer gebraten. Der Bratspieß ist ein ganz gewöhnlicher Stock, der in Schnabel und Hals des Vogels

Der „Five o'clock" im Hotel.

Atmosphärisch inspirierender Ausschnitt aus der Berliner Zeitschrift „Die Woche", 1910 (aus dem Arbeitsmaterial zum Felix-Krull-Roman)

gesteckt ist. Ebenso brät man die Fische, denen man den Spieß in den Schwanz steckt."[39] An einer anderen Stelle bemerkt Erman im Zusammenhang mit den Tafelsitten der Epoche, in die Thomas Mann seine Josephsgeschichte setzt, daß die Königin eine gebratene *Ente* ohne weiteres, d.h. mit bloßer Hand, „zum Munde führte"[40]. Ähnliche Anhaltspunkte findet man auch in anderen Fachbüchern über den Alten Orient, die Thomas Mann benutzt hat. Trotz ihrer Knappheit waren sie offensichtlich ausreichend, um seine Phantasie zur Kreation seiner eigenen altorientalischen Küche anzuregen. Die Vielfalt kulinarischer Einfälle in den Josephsromanen (siehe Anhang) zeigt, daß er diese schwierige Aufgabe mit ziemlicher Leichtigkeit gelöst hat.

Unserem Plan zufolge sind nun die gemütlichen Teestunden an der Reihe. An der Beschreibung der kleinen privaten Teeparty bei der Prinzessin Ditlinde merkt man, daß Thomas Mann mit der englischen Teesitte aufs Beste vertraut

Auch dieser Ausschnitt befand sich unter den vom Autor selbst ausgewählten Vorlagen zum Roman „Bekenntnisse des Hochstaplers Felix Krull"

---

[39] Adolf Erman. Aegypten und aegyptisches Leben im Altertum. Neu bearbeitet von Hermann Ranke. Tübingen 1923, S. 222.
[40] Ebenda, S. 221.

war. Nach einigen Quellen soll sich das five o'clock-Ritual in der englischen „Society" schon im 18. Jahrhundert fest etabliert haben. Andere behaupten, dieser Brauch begann erst um 1820. Die Ausgestaltung der Teestunde bei Ihrer Großherzöglichen Hoheit hält sich jedenfalls an die hochklassische Tradition. „Das Silbertablett in Hochglanz, die Teekanne aus Silber oder feinstem Porzellan, der Wasserkessel und eine kleine daneben, Milchkanne, Zuckerdose und einige Teetassen gehörten zur Aussteuer jeder jungen Dame von Stand", schreibt hierzu ein Nachschlagewerk zur Teekultur. „Das Essen dazu", fährt es fort, „wurde abwechslungsreicher, blieb aber ‚ladylike' – dünnes Weißbrot mit Butter, dazu Marmelade oder Honig, schmale Sandwiches mit Gurke oder Ei gefüllt, kleine Brötchen aus Rührteig (Scones), getoasted mit Butter und Toaststreifen mit feinen Pasteten bestrichen."[41] Höchstwahrscheinlich war es ein chinesischer Grün- oder Schwarztee, den die Hoheiten eingenommen haben werden.

Daß Thomas Buddenbrook seinen Frühstückstee manches Mal aus der Untertasse trank, soll bei weitem nicht bedeuten, daß er keine Umgangsformen besaß. Am französischen Hofe galt diese „Art" freilich bereits im letzten Viertel des 18. Jahrhunderts als Verstoß gegen die herrschenden Tischsitten. Im hanseatischen Milieu, das sich allem Neuen langsam öffnete, war das aber keinesfalls ein „faux pas". Dafür tauchen die Franzosen immer noch ihre Croissants in den Kaffee, was in anderen Ländern schon längst „überholt" ist. Heißen Tee aus der Untertasse zu trinken, war auch in der russischen Provinz unter Kaufleuten und Kleinbürgern Brauch. So muß sich Thomas Mann eine russische „Teestunde" – über mehrere Stunden hinziehend, mit einem riesigen Samowar, mit Piroggen, mit Tee aus der Untertasse – vorgestellt haben (X, 596). Leider hat der Erste Weltkrieg seine geplante Vortragsreise „zu den Nachfahren Gogols" unmöglich gemacht.

Es ist wohl kein Zufall, daß Goethe unter Thomas Manns Regie den *Kaffee* verschmäht. Nach eigener Aussage versetzte er ihn nämlich in eine triste Stimmung. Vielleicht ist das der Grund, warum Thomas Mann den Geheimrat dieses Getränk vermeiden läßt? Wer weiß, vielleicht kleidete Goethe einen so prosaischen Grund wie Magenempfindlichkeit in eine für den Dichter angemessenere Bezeichnung des Gemütszustandes? Unser Dichter, der, wie erwähnt, selbst an Magenproblemen zu leiden hatte, sähe es bestimmt gerne, als Leidensgenosse Goethes betrachtet zu werden.

Mit den abendlichen Tafelfreuden, auf die wir allmählich kommen, hat es eine besondere Bewandtnis. Einerseits ist es das Grundprinzip meiner „Lobdichtung", zur praktischen Verwirklichung der schönsten Träume unseres Meisters zu verhelfen. Andererseits ähneln gerade seine Abendbrotbe-

---

[41] Zeit für Tee. Eine Einführung in den Tee. Von Ahrend Vollers. Bremen 1993, S. 112

*Beim Kaffee während des Empfangs im „Huguenin" anläßlich Thomas Manns Rückkehr nach Europa / Zürich, Ende Mai 1947
(v.l.: Richard Schweizer, Thomas Mann, Emil Oprecht, Katia Mann)*

schreibungen einer Perlenkette, die man zerstört, wenn man eine Perle davon abnimmt, um diese unter einer Lupe, unter verschiedenen Sichtwinkeln zu beschauen. Was ist schon eine *Platte mit Ölsardinen*, aus ihrer gastronomischen Umgebung gesondert und dem prüfenden Blick eines anspruchsvollen Küchenmeisters ausgeliefert? Und wie herrlich dagegen glänzt sie, vom *Gemüsesalat* und *Sellerie* umgeben… Und hieße ein Versuch, etwa *Fleisch*, *Aufschnitt*, *Zunge*, *Gänsebrust*, ja *Kräuter-Omelette* und *petits fours* nach Zutaten auseinanderzulegen, nicht die Zerstörung der Harmonie?

Und dennoch, um die Erwartungen des geneigten Lesers hier nicht ganz unbefriedigt zu lassen, möchte ich ein Rezept für ein abendliches Getränk anbieten, das als eine besonders große Perle der Kette ausnahmsweise abgenommen werden kann. Es stammt ungefähr aus den 50er Jahren des 19. Jahrhunderts.

> ### „Bischof" *(Episcopus in partibus fidelium)*
>
> Auf jede Flasche Roth-Wein (guten Burgunder) 8 bis 12 Loth (1 Loth = 17,5 g – A.B.) rohen oder gekochten Zucker. Dann röstet man kleine grüne oder gelbe Pomeranzen, nachdem man sie etwas eingekerbt hat, über Kohlengluth und thut sie noch heiß in den Wein[42].

---

[42] Die Leibgerichte des weiland Apothekers und Malerpoeten Carl Spitzweg von ihm selbst eigenhändig aufgeschrieben und illustriert. München 1962.

Es scheint mir angebracht, am Schluß dieser Schrift den Dichter wieder einmal sprechen zu lassen. Als Schuljunge war unser künstlerisch veranlagter Hochstapler Felix Krull von der Ausstattung eines Delikatessenladens, Zweigniederlassung einer Wiesbadener Firma, fasziniert. Seine Gefühle werden folgenderweise zu Papier gebracht: „Überrascht, befremdet und träumerisch angemutet von der mich umgebenden Einsamkeit und Stille blickte ich um. Nie hatte ich so frei und ungestört diesen schwelgerischen Ort betrachten können. Er war eher eng als umfangreich, aber beträchtlich hoch und bis oben hinauf mit Leckerbissen vollgestopft. Dichte Reihen von Schinken und Würsten, letztere in allen Farben und Formen, weiße, ockergelbe, rote und schwarze, solche, die prall und rund waren wie Kugeln, sowie lange, knotige, stickartige, verdunkelten das Gewölbe. Blechbüchsen und Konserven, Kakao und Tee, bunte Gläser mit Marmeladen, Honig und Eingemachtem, schlanke und bauchige Flaschen mit Likören und Punschessenzen füllten die Wandborte vom Fußboden bis zur Decke. In den gläsernen Schaukästen des Ladentisches boten sich geräucherte Fische, Makrelen, Neunaugen, Flundern und Aale auf Tellern und Schüsseln dem Genusse dar. Platten mit italienischem Salat waren dort ebenfalls angerichtet…" (VII, 307)

Und so fragt man sich, ob es uns nicht auch so ergeht beim Lesen der Romane Thomas Manns? Es wäre natürlich allzu verwegen, diese als *Feinkostläden* zu bezeichnen, zumal Felix Krulls Faszination sich in der Form eines Diebstahls materialisierte. Doch *Sammlungen* sprachlicher Delikatessen sind sie auf jeden Fall.

3. Anhang
Mahlzeiten nach den Romanen geordnet
oder
Die Romane im Lichte der Kunst des Speisens

BUDDENBROOKS
(1901)

In diesem Roman lädt uns der Dichter an den gedeckten Tisch des 19. Jahrhunderts ein – die Handlung der „Buddenbrooks" umfaßt vierzig Jahre: ungefähr von 1836 bis 1877. Kulinarisch gesehen, ist es ein einmaliges Denkmal für die feine und großzügige hanseatische Kunst des Speisens.

„Ein ganz einfaches Mittagbrot" bei den Buddenbrooks, an einem Donnerstag, im weitläufigen alten Haus in der Mengstraße, zu dem „außer den in der Stadt ansässigen Familiemitgliedern, auch ein paar gute Hausfreunde" (I, 13), wie etwa Doktor Grabow, mit seinem berühmten Diät-Credo, gebeten wurden.

„Wie gesagt, alle Achtung, Buddenbrook!" übertönte die wuchtige Stimme des Herrn Köppen das allgemeine Gespräch, als das Folgemädchen mit den nackten, roten Armen, dem dicken, gestreiften Rock und der kleinen weißen Mütze auf dem Hinterkopf, unter Beihilfe Mamsell Jungmanns und des Mädchens der Konsulin von oben, die heiße Kräutersuppe nebst geröstetem Brot serviert hatte und man anfing, behutsam zu löffeln. (I, 23)

*

Die Meißner Teller wurden gewechselt (…). Es wurde der Fisch herumgereicht (…). (I, 25)

*

Die Teller wurden aufs neue gewechelt. Ein kolossaler, ziegelroter, panierter Schinken erschien, geräuchert, gekocht, nebst brauner, säuerlicher Schalottensauce und solchen Mengen von Gemüsen, daß alle aus einer einzigen Schüssel sich hätten sättigen können. Lebrecht Kröger übernahm das Tranchieren. Die Ellenbogen in legerer Weise erhoben, die langen Zeigefinger gerade auf den Rücken von Messer und Gabel ausgestreckt, schnitt er mit

Bedacht die saftigen Stücke hinunter. Auch das Meisterwerk der Konsulin Buddenbrook, der „Russische Topf", ein prickelnd und spirituös schmeckendes Gemisch konservierter Früchte, wurde gereicht. (I, 28)

❋

Madame Kröger führte bei ihnen das Wort, indem sie in der appetitlichsten Art die beste Manier auseinandersetzte, Karpfen in Rotwein zu kochen… „Wenn sie in ordentliche Stücken zerschnitten sind, Liebe, dann mit Zwiebeln und Nelken und Zwieback in die Kasserolle, und dann kriegen Sie sie mit etwas Zucker und einem Löffel Butter zu Feuer… Aber nicht waschen, Liebste, alles Blut mitnehmen, um Gottes willen…" (I, 31)

❋

Nun kam, in zwei großen Kristallschüsseln, der „Plettenpudding", ein schichtweises Gemisch aus Makronen, Himbeeren, Biskuits und Eiercreme; am unteren Tischende aber begann es aufzuflammen, denn die Kinder hatten ihren Lieblings-Nachtisch, den brennenden Plumpudding, bekommen. (I, 33)

❋

Er (Doktor Grabow – A.B.) *würde kommen, wenn er gerufen würde, und einen oder zwei Tage strenge Diät empfehlen, – ein wenig Taube, ein Scheibchen Franzbrot (…) Er hatte, so jung er war, die Hand manches wackeren Bürgers in der seinen gehalten, der seine letzte Keule Rauchfleisch, seinen letzten gefüllten Puter verzehrt hatte und, sei es plötzlich und überrascht in seinem Kontorsessel oder nach einigen Leiden in seinem soliden alten Bett, sich Gott befahl.* (I, 37)

❋

„Zum Sommer, im Mai vielleicht schon, oder im Juni, zog Tony Buddenbrook immer zu den Großeltern, vors Burgtor hinaus, und zwar mit heller Freude." (I, 61)
Was man sagen mag, so ist es etwas Angenehmes, wenn beim Erwachen morgens in dem großen, mit hellem Stoff tapezierten Schlafzimmer die erste Bewegung der Hand eine schwere Atlassteppdecke trifft; und es ist nennenswert, wenn zum ersten Frühstück vorn im Terrassenzimmer, während durch die offene Glastür vom Garten die Morgenluft hereinstreicht, statt des Kaffees oder des Tees eine Tasse Schokolade verabreicht wird, ja, jeden Tag Geburtstagsschokolade mit einem dicken Stück feuchten Napfkuchens. (I, 61)

❋

Manchmal ging Tony mit Julchen Hagenström und deren Bruder Hermann zusammen zur Schule…

Das Interessante an ihm (Hermann Hagenström – A.B.) *aber war, daß er als zweites Frühstück zur Schule nicht Brot mitnahm, sondern Zitronensemmel: ein weiches, ovales Milchgebäck, das Korinthen enthielt und das er sich zum Überfluß mit Zungenwurst oder Gänsebrust belegte… Dies war so sein Geschmack.* (I, 64)

❋

Tony wurde in der Pension Fräulein Weichbrodts „mit Zärtlichkeit empfangen" (I, 87). Von ihrem ersten Abendessen in dieser ehrenwürdigen Anstalt wissen wir leider nur wenig…

(…) zum Abendessen hatte Therese „Bischof" gemacht, einen roten und süßen Punsch, der kalt getrunken ward, und auf den sie sich mit Meisterschaft verstand…

Fräulein Weichbrodt (…) demütigte Mademoiselle Popinet mit einem Blicke, wenn diese im Begriffe stand, sich alles Gelée des kalten Kalbsbratens anzueignen. (I, 87f.)

❋

An einem Sonntag wurde Herr Grünlich – zu Tonys großem Unbehagen – auf einen Kalbsbraten bei den Buddenbrooks gebeten.

Er (Herr Grünlich – A.B.) *aß Muschelragout, Juliensuppe, gebackene Seezungen, Kalbsbraten mit Rahmkartoffeln und Blumenkohl, Marasquino-Pudding und Pumpernickel mit Roquefort…* (I, 102)

❋

Die Nachricht, daß Herr Grünlich um sie wirbt, wurde Tony während eines Frühstücks verkündet…

Tony kam um neun Uhr herunter und war erstaunt, ihren Vater noch neben der Konsulin am Kaffeetische zu finden. Nachdem sie sich die Stirn hatte küssen lassen, setzte sie sich frisch, hungrig und mit schlafroten Augen an ihren Platz, nahm Zucker und Butter und bediente sich mit grünem Kräuterkäse.

„Wie hübsch, Papa, daß ich dich einmal noch vorfinde!" sagte sie, während sie mit der Serviette ihr heißes Ei erfaßte und es mit dem Teelöffel öffnete. (I, 103)

✱

Im Hause der Schwarzkopfs in Travemünde schmeckte das Essen besonders frisch und gut.

Sie (Frau Schwarzkopf – A.B.) *war sauber, sanft und freundlich und empfahl eifrig ihr selbstgebackenes Korinthenbrot, das, umgeben von Rahm, Zukker, Butter und Scheibenhonig, in dem bootförmigen Brotkorb lag.* (I, 121)

✱

„Pah, allerliebst!" sagte Tony. *Es habe Aussicht auf die See, das sei die Hauptsache. Und dabei tauchte sie die vierte Scheibe Korinthenbrot in ihren Kaffee.* (I, 122)

✱

Das Frühstück bei „den Grünlichs" in Hamburg zeichnete sich durch seine für die Hanseaten untypische Üppigkeit aus.

Der schneeweiße gewirkte Damast auf dem runden Tische war von einem grüngestickten Tischläufer durchzogen und bedeckt mit goldgerändertem und so durchsichtigem Porzellan, daß es hie und da wie Perlmutter schimmerte. Eine Teemaschine summte. In einem dünnsilbernen, flachen Brotkorb, der die Gestalt eines großen, gezackten, leicht gerollten Blattes hatte, lagen Rundstücke und Schnitten von Milchgebäck. Unter einer Kristallglocke türmten sich kleine, geriefelte Butterkugeln, unter einer anderen waren verschiedene Arten von Käse, gelber, grünmarmorierter und weißer, sichtbar. Es fehlte nicht an einer Flasche Rotwein, welche vor dem Hausherrn stand, denn Grünlich frühstückte warm.

Mit frisch frisierten Favoris und einem Gesicht, das um diese Morgenstunde besonders rosig erschien, saß er, den Rücken dem Salon zugewandt, fertig angekleidet, in schwarzem Rock und hellen, großkarierten Beinkleidern, und verspeiste nach englischer Sitte ein leichtgebratenes Kotelett. Seine Gattin fand dies zwar vornehm, außerdem aber auch in so hohem Grade widerlich, daß sie sich niemals hatte entschließen können, ihr gewohntes Brot- und Eifrühstück dagegen einzutauschen. (I, 199)

✱

Da Konsulin Buddenbrooks fromme Neigungen mit dem Alter immer stärker hervortraten, und da das würdige Patrizierhaus „in der Welt der lutherischen und reformierten Geistlichkeit" als besonders gastfreundlich galt, kamen „aus allen Teilen des Vaterlandes schwarzgekleidete und langhaarige

Herren herbei, um ein paar Tage hier zu verweilen…" Madame Grünlich „ließ es sich leider angelegen sein, die geistlichen Herren lächerlich zu machen…" (I, 242)

Eines Tages, als eben ein fremder Prediger, dessen Appetit die allgemeine Freude erregte, im Hause zu Gast war, ordnete sie (Madame Grünlich – A.B.) heimtückisch Specksuppe an, das städtische Spezialgericht, eine mit säuerlichem Kraute bereitete Bouillon, in die man das ganze Mittagsmahl: Schinken, Kartoffeln, saure Pflaumen, Backbirnen, Blumenkohl, Erbsen, Bohnen, Rüben und andre Dinge mitsamt der Fruchtsauce hineinrührte, und die niemand auf der Welt genießen konnte, der nicht von Kindesbeinen daran gewöhnt war. (I, 243)

*

Ein anderer Donnerstag bei den Buddenbrooks, viele Jahre nach dem am Anfang des Romans beschriebenen… Den Speisen wird diesmal weniger Aufmerksamkeit geschenkt, als damals.

Später aber rückten alle zusammen, um gemeinsam über die nächste Zukunft das Nötige zu beratschlagen und Weingelee dazu zu essen. (I, 297)

*

In dem vom 2. April 1857 datierten Brief teilte Tony den Ihrigen die Eindrücke von München mit.

Ja, München gefällt mir ganz ausnehmend. Die Luft soll sehr nervenstärkend sein, und mit meinem Magen ist es im Augenblick ganz in Ordnung. Ich trinke mit großem Vergnügen sehr viel Bier, um so mehr, als das Wasser nicht ganz gesund ist; aber an das Essen kann ich mich noch nicht recht gewöhnen. Es gibt zuwenig Gemüse und zuviel Mehl, zum Beispiel in den Saucen, deren sich Gott erbarmen möge. Was ein ordentlicher Kalbsrücken ist, das ahnt man hier gar nicht, denn die Schlachter zerschneiden alles aufs jämmerlichste. Und mir fehlen sehr die Fische. Und dann ist es doch ein Wahnsinn, beständig Gurken- und Kartoffelsalat mit Bier durcheinander zu schlucken! (I, 307)

*

Ein spätes Frühstück bei den Buddenbrooks, an dem auch der teure Münchener Gast, Herr Permaneder, teilnimmt…

Man ging sofort ins Zwischengeschoß hinunter, wo Mamsell Jungmann den Tisch gedeckt hatte und den Samowar summen ließ – einen echten Samowar, ein Geschenk des Pastors Tiburtius und seiner Gattin. (I, 329)

❋

Mit zierlichen Bewegungen zerlegte sie (Tony – A.B.) *ihm* (Herrn Permaneder – A.B.) *Brätlinge, worin er keine Übung besaß (...)* (I, 330)

❋

„Felder, Wiesen, Baumgruppen, Gehöfte... und man suchte in dem immer höheren, dünneren, blaueren Dunst nach den Lerchen, deren Stimmen man vernahm." (I, 345) Ein schöner Ausflug, zu dem auch ein Imbiß gehörte.
„Wir werden Krebse essen, Herr Permaneder!" rief er (der Konsul – A.B.) *aufgeräumt. „Krebse und Ostseekrabben! Sie haben schon bei meiner Mutter ein paarmal davon gekostet, aber mein Freund Dieckmann, der Besitzer der Restauration ‚Zum Riesenbusch', führt sie stets in hervorragender Qualität. Und Pfeffernüsse, die berühmten Pfeffernüsse dieser Gegend!"* (I, 346)

❋

*Herr Permaneder protestierte. „I ka Spur! A Bier und a Kaas..."
Allein das verstand Herr Dieckmann nicht, sondern er begann mit großer Geläufigkeit: „Allens, was da is, Herr Knusel... Krebse, Krabben, diverse Wurst, diverse Käse, geräucherten Aal, geräucherten Lachs, geräucherten Stör..."* (I, 347)

❋

Alle aßen Rührei mit Schinken. (I, 349)

❋

*...Und so, nach sieben Jahren Einsamkeit, wurde Madame Grünlich zu Frau Permaneder und zog nach München um...
Auch ist sie* (Babette – A.B.) *willig und bereitet unter meiner Anleitung manches von unseren heimatlichen Gerichten, so gestern zum Beispiel Sauerampfer mit Korinthen, aber davon habe ich großen Kummer gehabt, denn Permaneder nahm mir dies Gemüse so übel (obgleich er die Korinthen mit der Gabel herauspickte), daß er den ganzen Nachmittag nicht mit mir sprach (...)* (I, 365)

❋

„Taufe!... Taufe in der Breiten Straße!" (I, 395) Ein neuer Buddenbrook erhält die Namen: *Justus, Johann, Kaspar.*

Im Eßzimmer am Tische – behutsam und ohne Geklapper, das drüben im Saale die Feier stören würde – füllt das Folgemädchen Schlagsahne in viele Tassen mit kochend heißer Schkolade, die dicht gedrängt auf einem ungeheuren runden Teebrett mit vergoldeten, muschelförmigen Griffen beieinander stehen... (I, 395)

✻

Die Landluft, die helle Erinnerungen an das Haus der Schwarzkopfs in Travemünde wachrief, tat Frau Permaneder immer gut.
„*Diese kuhwarme Milch und diese Würste und Schinken... man gedeiht wie das Vieh und das Korn. Und dieser frische Honig, Tom, ich habe ihn immer für eines der besten Nahrungsmittel gehalten. Das ist reines Naturprodukt! Da weiß man doch, was man verschluckt!*« (I, 451)

✻

Ein alltägliches, eiliges Frühstück des Senators Buddenbrook.
Er (der Senator – A.B.) trank, an dem bekränzten Tische, den heißen Tee aus der Untertasse, aß hastig ein Ei und tat auf der Treppe ein paar Züge aus der Zigarette. (I, 486)

✻

Am späten Nachmittage des 24. Dezember trat die gesamte Donnerstagstafelrunde, und dazu noch einige andere Gäste, zusammen. Innerhalb des „weihevollen Programms, das der verstorbene Konsul für die Feierlichkeit festgesetzt hatte" (I, 537), gab es eine Stärkung.
Jetzt gingen Mamsell Severin und das Folgemädchen mit Tee und Bisquits umher (...). Es gab da Gegenstände aus allen Stoffen: aus Porzellan, aus Nickel, aus Silber, aus Gold, aus Holz, Seide und Tuch. Große, mit Mandeln und Sukkade symmetrisch besetzte Braune Kuchen lagen abwechselnd mit massiven Marzipanbroten, die innen naß waren vor Frische, in langer Reihe auf dem Tische. (I, 538)

✻

Später, als die ganze Gesellschaft sich am feierlich gedeckten Tisch versammelte, sprach die Konsulin mit herzlichem Ausdruck das hergebrachte Tischgebet...
(...) Und als dies erledigt war, setzte man sich mit gutem Gewissen zu einer nachhaltigen Mahlzeit nieder, die alsbald mit Karpfen in aufgelöster Butter und mit altem Rheinwein ihren Anfang nahm. (...)

Der Puter, gefüllt mit einem Brei von Maronen, Rosinen und Äpfeln, fand das allgemeine Lob. (…) Es gab gebratene Kartoffeln, zweierlei Gemüse und zweierlei Kompott dazu, und die kreisenden Schüsseln enthielten Portionen, als ob es sich bei jeder einzelnen von ihnen nicht um eine Beigabe und Zutat, sondern um das Hauptgericht handelte, an dem alle sich sättigen sollten. Es wurde alter Rotwein von der Firma Möllendorpf getrunken. (…) Er (Hanno – A.B.) war nur stolz darauf, daß er mit den Erwachsenen tafeln durfte, daß auch auf seiner kunstvoll gefalteten Serviette eins von diesen köstlichen, mit Mohn bestreuten Milchbrötchen gelegen hatte, daß auch vor ihm drei Weingläser standen, während er sonst aus dem kleinen goldenen Becher, dem Patengeschenk Onkel Krögers, zu trinken pflegte… Aber als dann, während Onkel Justus einen ölgelben griechischen Wein in die kleinsten Gläser zu schenken begann, die Eisbaisers erschienen – rote, weiße und braune –, wurde auch sein Appetit wieder rege. Er verzehrte, obgleich es ihm fast unerträglich weh an den Zähnen tat, ein rotes, dann die Hälfte eines weißen, mußte schließlich doch auch von den braunen, mit Schokoladeeis gefüllten, ein Stück probieren, knusperte Waffeln dazu, nippte an dem süßen Wein und hörte auf Onkel Christian, der ins Reden gekommen war. (I, 544)

Königliche Hoheit
(1909)

Der zweite Roman Thomas Manns handelt von der Geschichte eines fiktiven deutschen Kleinstaates, der durch den Prinzen Klaus Heinrich repräsentiert wird. Was die Kunst des Speisens anbetrifft, wird hier literarisch nicht so üppig aufgetischt, wie der von den „Buddenbrooks" verwöhnte Leser es bereits gewohnt ist. Die Teestunden dieses Romans gehören dem Bereich der „kulinarischen Kammermusik" an und spiegeln vor allem die bis in unsere Zeit erhaltene „five o'clock"-Sitte wider.

„…So geschah es, daß eines Tages zu Anfang Herbst (…) der ‚Eilbote' (…) noch in seiner Abendausgabe die Nachricht brachte, heute nachmittag hätten Seine Königliche Hoheit der Großherzog und Seine Großherzogliche Hoheit Prinz Klaus Heinrich bei Ihrer Großherzoglichen Hoheit der Fürstin zu Ried-Hohenried den Tee genommen." (II, 132)
Gegenüber der weißen Flügeltür zum Empfangssalon war zwischen der Sofabank und einem Halbkreis von Stühlen der ovale Tisch mit zartem

Damast und einem blauseidenen Läufer gedeckt; das blumige Teegeschirr, ein Aufsatz mit Konfekt, längliche Schalen mit Zuckergebäck und winzigen Butterbrötchen waren in ebenmäßiger Anordnung darauf verteilt, und seitwärts dampfte auf einem Glastischchen über seiner Spiritusflamme der silberne Teekessel. (...) Dies Zimmer, abseits und im Winkel zu der Flucht der Empfangsräume gelegen, war Ditlindens Kabinett, ihr Boudoir, der Raum, in dem sie ganz enge Nachmittagsempfänge gab und eigenhändig den Tee zu bereiten pflegte. Klaus Heinrich sah ihr zu, wie sie die Kanne mit heißem Wasser spülte und mit einem silbernen Löffelchen Tee hineinschüttete. (II, 137)

✻

Die Pflichten des stellvertretenden Staatsoberhaupts führten den Prinzen Klaus Heinrich einmal zu einer Ackerbauausstellung.

Da waren Auslesen von frischem und eingemachtem Gemüse, von rohem und konserviertem Obst, von Beerenfrüchten, Marmeladen und Säften. (II, 166)

✻

Zu den Teestunden Fräulein Spoelmanns fand unsere Königliche Hoheit die Intimität und familiäre Gemütlichkeit, die die Etikette bei Hofe ihm unmöglich bieten konnte.

„Wieviel Löffel hast du genommen?" fragte er (Herr Spoelmann – A.B.) *seine Tochter. Er meinte damit, wieviel Tee sie in die Kanne geschüttet habe.*

Sie hatte seine Tasse gefüllt und ihm gereicht.

„Vier," sagte sie. „Für jeden einen. Niemand soll sagen, daß ich mein greises Väterchen dem Mangel aussetze."

„Ach was", antwortete Herr Spoelmann. „Ich bin nicht greis. Man sollte dir die Zunge stutzen." Und er nahm aus einer silbernen Büchse eine Art Zwieback, die eigens für ihn da zu sein schien, zerbrach das Gebäck und tauchte es ärgerlich in den goldfarbenen Tee, den er wie seine Tochter ohne Sahne und Zucker trank. (II, 230f.)

Der Zauberberg
(1924)

In der uns interessierenden Hinsicht ist Thomas Manns dritter Roman eine „Exposition" der Kurkultur in den Jahren 1907 bis 1914. Das schweizer

Sanatorium „Berghof", in dem der Hamburger Patriziersohn Hans Castorp seinen lungenkranken Cousin besucht, und ein internationales, wohlhabendes Publikum – diesen Eckpunkten entspricht auch die gastronomische Umrahmung.

Das erste Mittagessen Hans Castorps im „Berghof" ist ein schöner kulinarischer Auftakt zu seinem jahrelangen Aufenthalt im noblen Sanatorium.
Das Essen war vorzüglich. Es gab Spargelsuppe, gefüllte Tomaten, Braten mit vielerlei Zutat, eine besonders gut bereitete süße Speise, eine Käseplatte und Obst. (III, 26)

❋

Eine meisterhaft skizzierte und durch das Kulinarische betonte Charakteristik Hans Castorps.
Seine (Hans Castorp – A.B.) *Haltung bei Tische war ausgezeichnet. Er wandte den aufrechten Oberkörper höflich dem Nachbarn zu, mit dem er plauderte (verständig und etwas platt), und seine Ellenbogen lagen leicht an, während er sein Stück Geflügel zerlegte oder geschickt mit dem dazu bestimmten Tafelgerät das rosige Fleisch aus einer Hummerschere zog.* (III, 49)

❋

Einer der Abschnitte des Dritten Kapitels heißt einfach: Frühstück. Und obwohl er vor allem den Personen gewidmet ist, denen Hans Castorp bei seinem allerersten Frühstück im „Berghof" begegnet, scheinen hier die Speisen bei weitem keine nebensächliche Rolle zu spielen.
Es gab da Töpfe mit Marmeladen und Honig, Schüsseln mit Milchreis und Haferbrei, Platten mit Rührei und kaltem Fleisch; Butter war freigiebig aufgestellt, jemand lüftete die Glasglocke über einem tränenden Schweizer Käse, um davon abzuschneiden, und eine Schale mit frischem und trockenem Obst stand obendrein in der Mitte des Tisches. Eine Saaltochter in Schwarz und Weiß fragte Hans Castorp, was er zu trinken wünsche: Kakao, Kaffee oder Tee. (III, 64)

❋

Die folgenden vier Stellen beschreiben die große kulinarische Orgie, die unter der Leitung des majestätischen Holländers, Herrn Peeperkorn, im Salon des Sanatoriums zu einer späten Abendstunde stattfand. „Wir werden einen Kreis bilden. Wir werden spielen und essen und trinken. Wir werden uns fühlen, daß wir – Absolut, junger Mann!" (III, 776) Diese knappe Verkündung der großen Aktion durch Herrn Peeperkorn bringt sie auf den Punkt, denn vielleicht ist es wirklich ein Absolut, ein künstlerisch-gastronomisches?

(...) Peeperkorn bestellte in seiner bedeutsamen Art bei der herbeigerufenen Zwergin Wein, einen weißen Chablis vom Jahre 06, drei Flaschen fürs erste, und Süßigkeiten dazu, was eben an gedörrtem Südobst und Konfekt würde aufzutreiben sein. (...) Er (...) forderte mit umfassendem Erfolge die höchste Aufmerksamkeit für die herrliche Goldfarbe des Weins in den Römern, für den Zucker, den die Malagatrauben schwitzten, für eine gewisse Art kleiner Salz- und Mohnbrezeln, die er göttlich nannte (...). (III, 777)

✸

Man müsse essen, ordentlich essen, um den Anforderungen gerecht werden zu können, so gab er zu verstehen, und bestellte Stärkung für die Runde, eine Kollation, Fleisch, Aufschnitt, Zunge, Gänsebrust, Braten, Wurst und Schinken – Platten vollfetter Leckerbissen, die, mit Butterkugeln, Radieschen und Petersilie garniert, prangenden Blumenbeeten glichen. (...)

Er wollte Omeletten für sich und die seinen – für jedermann eine gute Kräuter-Omelette, damit man den Anforderungen gerecht werden könne. (...) Auch stellte sein Behagen sich völlig wieder her, als die dampfende Speise auf mehreren Platten erschien, kanariengelb und grün gesprenkelt, einen weichlich warmen Duft von Eiern und Butter im Zimmer verbreitend. (III, 780f.)

✸

(...) Er ließ sich die Karte geben (...) und bestellte Champagner, drei Flaschen Mumm & Co., Cordon rouge, très sec; dazu petits fours, köstliche, kegelförmige kleine Schlemmerbissen, mit farbigem Zuckerguß überkleidet, von zartestem Biskuitcharakter, im Innern benetzt von Schokolade- und Pistaziencreme und auf Papierdeckchen mit reichem Spitzenrande angeboten. (...) Peeperkorn, das Bacchanal mit lanzenspitzen Kulturgebärden leitend, sorgte für Zufuhr und Nachschub. Er ließ Kaffee kommen nach dem Champagner, Mocca double, der wiederum von „Brot" begleitet war und von süßen Scharfheiten, Apricots Brandy, Chartreuse, Crème de Vanille und Marasquino für die Damen. Später gab es noch saure Fischfilets und Bier dazu, endlich Tee, und zwar sowohl chinesischen wie Kamillentee für solche, die es nicht vorzogen, beim Sekt oder Likör zu bleiben oder zu einem ernsthaften Wein zurückzukehren, wie Mynheer selbst, der sich nach Mitternacht zusammen mit Frau Chauchat und Hans Castorp zu einem Schweizer Roten von naiv-spritziger Art durchgeläutert hatte, von dem er mit wirklichem Durst einen Glasbecher nach dem anderen hinunterschüttete. (III, 790f.)

＊

„Das Bacchanal" im Salon wird durch den Genuß „klassischer Gaben" während eines Spazierganges gleichsam abgerundet.

Klassische Gaben genoß man unter seiner Herrscherleitung: Rahmkaffee mit ländlich Gebackenem oder saftigen Käse auf duftiger Alpenbutter, die auch zu heißen, gerösteten Kastanien wundervoll mundete, dazu Veltliner Roten, soviel das Herz begehrte. (III, 821f.)

JOSEPH UND SEINE BRÜDER
(1933 – 1943)

Die biblische Tetralogie Thomas Manns spielt im 14. Jahrhundert v. Chr. Verständlicherweise ist uns von kulinarischen Genüssen dieser grauen Vorzeit sehr wenig überliefert worden. Um so stärker muß hier die Herausforderung für die Phantasie des Dichters gewesen sein, auch diese Seite der alttestamentarischen Geschichte über Joseph, den Sohn Jaakobs, des Patriarchen, mit Leben zu erfüllen – andernfalls hätten wir es nicht mit Thomas Mann zu tun.

Bei Laban, dem Oheim Jaakobs, speiste man sehr einfach.

Die Magd im Lendenschurz, die Wasser getragen, brachte nun Feuer vom Herde und entzündete drei tönerne Lampen, die auf Dreifüßen standen. Dann trug sie zusammen mit Abdcheba das Essen heran: einen Topf dicken, mit Sesamöl zubereiteten Mehlbreis („Pappasu, Pappasu!" wiederholte Rahel mit kindlichem Jubel, indem sie auf lüsterne und drollige Art ihr Zünglein zwischen den Lippen spielen ließ und die Hände klatschte), noch warme Gerstenfladen, Rettiche, Gurken, Palmkohl und zum Trunke Ziegenmilch und Kanalwasser, von dem ein Vorrat in einer großen tönernen Amphore an einem der Dachpfosten hing. (IV, 238)

＊

Als abgegessen war, befahl Laban, Rauschtrank für ihn und den Gast zu bringen. Abdcheba schleppte das gegorene Emmerbier in einem Balgschlauch herbei, und als zwei Becher damit gefüllt waren, in denen

Strohhalme steckten, weil viel Korn obenauf schwamm, zogen die Frauen sich vor den Männern zurück, nachdem Laban jeder von ihnen flüchtig die Hände aufs Haupt gelegt hatte. (IV, 239)

*

Für den Weg in den Tal Schekem, wo der junge Joseph seine dort allesamt miteinander Schafe hütenden Brüder besuchen sollte, wurde er von seinem Vater bestens versorgt.

Vom Rücken seines Reittiers, der milchweißen Hulda, (…) hing beiderseits mancherlei Reisebedarf und Zehrung herab: der Ziegenschlauch mit saurer Dünnmilch gegen den Durst, Deckelkörbe und Tontöpfe mit Grieß- und Obstkuchen, Sangen, gesalzener Ölfrucht, Gurken, gerösteten Zwiebeln und frischen Käsen. (IV, 531)

*

Die weiteren Stellen spielen schon in Ägypten, wo Joseph in das Haus des Würdenträgers Peteprê als Sklave verkauft wurde.

An Festttagen (…) gab es geröstete Gänse und Rindskeulen im Dienerhause; aber dem Joseph trug Gottlieb, sein unterwüchsiger Gönner, außerdem allerlei Gutes und Süßes zu, das er im Frauenhause für ihn beiseite gebracht: Trauben und Feigen, Kuchen in Gestalt liegender Kühe und Früchte in Honig… (V, 846)

*

Eines Tages erfährt er vom „langen Schreiber Cha'm'at" über die ihm widerfahrene Ehre – den Eltern seines Hausherrn und Besitzers als stummer Diener aufwarten zu dürfen.

„(…) Die Labung ist schon zur Hand und ist aufgeschrieben: die silberne Schüssel, das goldene Kännchen mit Granatapfelblut, die goldenen Becherchen dazu und fünf Muscheln des Meeres mit Trauben, Feigen, Datteln, Dumfrüchten und Mandelküchlein. (…)" (V, 856)

*

„Gedämpftheit herrschte im Saal, wenn Peteprê und die Seinen zu Tische saßen." (V, 912)

In ihrer (der Halle – A.B.) *Mitte stand eine umfängliche Anrichte, hochauf bedeckt, wie Amuns Opfertisch, mit Speisen, von denen die verbindenden Diener den unmittelbar aufwartenden zureichten und deren es viel zu viele waren, als daß sie von den vier Erhabenen auf der Estrade nur annähernd hätten verzehrt werden können: mit Röstgänsen, Bratenten und Rindskeulen, Gemüsen, Kuchen und Broten, mit Gurken, Melonen und syrischem Obst in üppiger Schaustellung.* (V, 912)

※

Ein „Plauderkränzchen", begleitet von delikaten Leckerbissen, sollte Mut-em-enet, der Frau Petteprê's, helfen, ihren Liebeskummer auszusprechen.

Welchen Wunsch brauchte sie (Mut – A.B.) *sich zu versagen? Muts Freundinnen verstanden das nicht. Inständig befragten sie sie, teils herzlicherweise, teils nur aus Neugier, Schadenfreude und Liebe zur Aufregung, und lange wich die Ermüdete ihnen aus, verweigerte matt und hoffnungslos jede Auskunft, weil sie ihr doch nicht helfen könnten. Endlich aber – nun gut – erklärte sie, ihnen die Antwort allen zusammen, gemeinsam, geben zu wollen, im Rahmen eines Plauderkränzchens und einer weiblichen Gasterei, zu der sie sie nächstens vollzählig wolle zusammenladen. Denn wenn sie, sei es auch ohne Appetit, ein wenig zu sich nähme, eine Vogelleber und etwas Gemüse, werde sie hoffentlich die Kraft finden, sich vom Lager aufzurichten (…) Eine Nachmittagsveranstaltung in größerem Kreise (…), bei der es an nichts fehlte, weder an Blumen und Salben, noch an kühlen, zum Teil berauschenden, zum anderen Teil nur erfrischenden Getränken, noch an vielerlei Kuchen, eingelegten Früchten und fadenziehenden Süßigkeiten (…).* (V, 1210)

※

Durch den Pharao wurden Joseph – ehemals ein Sklave – höchste Ehren zuteil. An Glanz und Vielfalt ist die Mahlzeit am altägyptischen Hofe – wie Thomas Mann sie sich vorstellte – den kulinarischen Festen der Neuzeit kaum unterlegen.

Man saß auf bequemen Schemelstühlen, eine Tischplatte schräg vor sich, die mit Kost, Beikost und Schau-Erfreulichkeiten, Obst, Kuchen, Gemüse, Pasteten, Gurken und Kürbissen, Füllhörnern mit Blumen und Zuckerwerk hoch-heiter beladen war, zu seiner anderen Seite ein zierliches Waschgeschirr, einen hübschen Amphorenständer und ein kupfernes Becken zum Wegwerfen des Abgespeisten. So hatte es jeder. Schurzdiener füllten, unter Sonderaufsicht des Küfers, die Becher nach; andere empfingen vom Vorsteher des Anrichtetisches die Hauptgerichte, Kälbernes, Schöpserenes, Backfische, Geflügel, Wildbret, und lieferten es in die Hände der Gäste (…). Er (der Adôn – A.B.) *schickte, nebst seinen besten Grüßen, bald diesem, bald jenem, jetzt einem Ägypter und jetzt einem der Fremden eine Rost-Ente, ein Quittengelee oder einen vergoldeten Knochen, der mit leckeren Ringen aus Schmalzgebackenem besteckt war (…).* (V, 1653)

LOTTE IN WEIMAR
(1939)

Dieses Werk versetzt uns in das Weimar von 1816. Die Gestalt Goethes, die zuerst durch die Äußerungen seiner Zeitgenossen indirekt skizziert wird, nimmt beim Treffen des Dichters mit Charlotte Kestner, geborene Buff, welche ihm einst als Vorbild für die Lotte seines Werther-Romans diente, ihre vollendete Form an. Dieses Treffen findet bei einem von Thomas Mann ausführlich beschriebenen Mittagessen statt…

Im April des Jahres 1813, als die Franzosen, an Zahl übermächtig, nach einem kurzen Kampf mit den Mannschaften des jüngeren Blüchers – Husaren und grünen Jägern – sich erneut zu den Herren Weimars machten, wurde „der schönste Jüngling, ein verwundeter Krieger" von zwei sanften Freundinnen im Gebüsch des Parks entdeckt. In einem unterm Dach gelegenen Stübchen bekam er Asyl und Verpflegung.
Mit dem regelmäßig vorsprechenden Doktor und dem alten Castellan, der dem Kranken seine Mahlzeiten brachte, teilten wir beide, Ottilie und ich, uns in seine Pflege und stiegen täglich die morsche Treppenfolge zu seinem verwunschenen Stübchen hinauf, um ihm Wein, Eingemachtes und kleine Leckerbissen (…) zuzutragen. (II, 523)

✻

Goethe erinnert sich und denkt laut…
Ach, das Volk. Erbreich-traulich-heidenisch. Naturelement, nährendes Tal des Unbewußten und der Verjüngung! Mit ihn zu sein, umschlossen von ihm beim Vogelschießen und Brunnenfest oder wie damals zu Bingen am langen, geschirmten Tisch beim Wein, im Dunst des schmorenden Fetts, des frischen Brotes, der auf glühender Asche bratenden Würste! (II, 620)

✻

Bei Goethe wurde zu Mittag gespeist. „Die Tafel war mit mehr als bürgerlicher Eleganz, mit feinem Damast, Blumen, silbernen Armleuchtern, vergoldetem Porzellan und dreierlei Gläsern für jedes Couvert gedeckt. Es bedienten der junge Livrierte und ein ländlich rotbäckiges Hausmädchen in Häubchen, Mieder, weißen Puffärmeln und dickem, hausgeschneidertem Rock." (II, 718f.)

Die Suppe, eine sehr kräftige Brühe mit Markklößchen darin, hatte ringsherum bereitgestanden, als man seine Plätze einnahm. (II, 719)

Während ihr (Charlottes – A.B.) *Hausfrauensinn nicht umhinkonnte, festzustellen, daß die Markklößchen tatsächlich „treu bereitet", das heißt: musterhaft locker und fein von Substanz waren, hielt ihr ganzes Wesen in einer Spannung, einer Erwartung aus, die sich gewissen Regelungen trotzig entgegensetzte und keineswegs darauf verzichtete, mit ihnen fertig zu werden.* (II, 720)

❋

(…) Rot oder weiß? Ich meine: die heimische Rebe zuerst und den Franzen zum Braten oder, der wärmenden Grundlage wegen, erst gleich von diesem? Ich will für ihn einstehen, – dieser Lafite von achter Ernte geht recht mild ins Gemüt, und ich für mein Teil verschwör' es nicht ganz, daß ich nicht später noch bei ihm anklopfe, – aber freilich ist der eilfer Piesporter Goldtropfen hier ganz danach angetan monogame Neigungen zu erwecken, wenn man sich einmal mit ihm eingelassen. (II, 721)

❋

„O, mein Egerwasser«, erwiderte Goethe. »Ihre Neigung berät Sie ganz recht, der Sprudel kommt mir nicht aus dem Haus, unter Nüchternheiten der Erde ist er es, mit dem ich die besten Erfahrungen gemacht." (…)
Unterdessen wurden die Teller gewechselt und ein überbackenes Fischragout mit Pilzen in Muscheln serviert, das Charlotte, obgleich es ihr an Eßlust fehlte, sachlich als ausnehmend schmackhaft beurteilen mußte. (II, 722)

❋

Das Entremets war eine Himbeercrème, sehr duftig, mit Schlagrahm geschmückt, nebst Löffelbiscuits als Zugabe. Gleichzeitig wurde Champagner gereicht, den nun denn doch, die Flasche in eine Serviette gehüllt, der Bediente einschenkte (…). (II, 739)

❋

Man servierte den Kaffee gleich bei Tische. Goethe trank keinen, sondern nahm statt dessen zu dem Nachtisch, der dem Obste folgte und aus allerlei Confect, Tragantkringeln, Zuckerplätzchen und Rosinen bestand, noch ein Gläschen Südweines namens Tinto rosso. (II, 742)

DOKTOR FAUSTUS
(1947)

Wie in den „Buddenbrooks" werden im „Doktor Faustus" mehrere Jahrzehnte aufgezeichnet – ungefähr vom Ende des vorigen Jahrhunderts bis zu den letzten Jahren des Zweiten Weltkrieges. Während sich die kulinarischen Passagen der „Buddenbrooks" fast ausschließlich auf die hanseatische Tafelkultur konzentrieren, bietet dieser spätere Roman unter anderem eine „Vergnügungsreise" nach Italien und beschäftigt sich eingehend mit Fragen diätetischer Kost.

Schon zu Beginn des Romans schwelgt Thomas Mann in idyllischer ländlicher Beköstigung.
Da zu der Freund- und Bekanntschaft, die Leverkühns in Kaisersaschern besaßen, auch meine Eltern gehörten, ja zwischen unseren Häusern seit alters ein besonderes herzliches Einvernehmen bestand, so verbrachten wir in der guten Jahreszeit manchen Sonntagnachmittag auf dem Vorwerk, wo denn die Städter sich der herzhaften Gaben des Landes, mit denen Frau Leverkühn sie regalierte, des kernigen Graubrotes mit süßer Butter, des goldenen Scheibenhonigs, der köstlichen Erdbeeren in Rahm, der in blauen Satten gestockten, mit Schwarzbrot und Zucker bestreuten Milch, dankbar erfreuten. (VI, 19f.)

✻

Etwas zum Charakter Herrn Schildknapps des Älteren: wenn ihm ein Malheur wie das unten beschriebene passieren mußte, gab sich seine Verbitterung als „feinere Leidigkeit", „ausdrucksvolle Bemitleidung" kund.
Er (Schildknapp – A.B.) *war etwa zu Tische gekommen, um sogleich bei der Fruchtsuppe, in der Kirschen schwammen, heftig auf den Kern zu beißen (…).* (VI, 222)

✻

Die erste Begegnung unserer Helden mit der bescheiden-häuslichen Frau Schweigestill wird von der Zubereitung eines italienischen Fruchtgetränks begleitet.
Es war Frau Else Schweigestill, die den Besuchern im Haustor stattlich entgegentrat, sie freundlich anhörte und ihnen in hohen Gläsern mit langgestielten Löffeln die Limonade mischte. (VI, 274)

✻

Hierauf bot sie den Gästen Kaffee und Pfundskuchen an (...). (VI, 276)

✻

Die uns bereits bekannte gastronomische Reise nach Italien.
(...) Denn, wenn wir schon eine gehaltvolle Minestra, Singvögelchen mit Polenta, Scaloppini in Marsala, ein Hammelgericht oder Wildschwein mit süßer Zukost, auch viel Salat, Käse und Früchte genossen und unsere Freunde zum schwarzen Kaffee ihre Regie-Zigaretten angezündet hatten, so konnte sie im Ton eines anregenden Vorschlags und guten Einfalls fragen: „Signori, jetzt – ein wenig Fisch?" – Ein purpurner Landwein, den der Advokat unter Krächzen in großen Schlucken wie Wasser trank, ein Gewächs, zu heiß eigentlich, um sich als täglich zweimaliges Tafelgetränk zu empfehlen, und zu schade wiederum, ihn zu verwässern, diente uns, unseren Durst zu stillen. (VI, 285)

✻

In diesem Tagesmenü kommt die Diät-Philosophie Frau Schweigestills am besten zum Ausdruck.
Und sie versprach leichte Kost, Milch, Eier, geröstetes Brot, Gemüsesuppen, ein gutes rotes Beefsteak mit Spinat zu Mittag und hinterdrein eine handliche Omelette mit Apfel-Marmelade darin, kurz, Dinge, die nährten und dabei einem heiklichen Magen genehm seien wie also dem seinen. (VI, 341)

✻

Wie in den „Buddenbrooks" gehörte die Schokolade auch im „Doktor Faustus" zur Prozedur der Taufe.
Schon Ende 1915 beschenkte Ines ihren Gatten mit einem Töchterchen, Lukrezia genannt (...). Zwei Jahre später folgte ihr ein Zwillingspärchen,

Mädchen wiederum, die in ebenso korrekter häuslicher Zeremonie, mit Schokolade, Portwein und Konfekt, aus silberner, mit Blumen bekranzter Schale auf den Namen Ähnchen und Riekchen getauft wurden. (VI, 437)

❋

Und wieder kehrt die Feder des Dichters zu der einfachen Hausfrauenkost der bescheidenen Frau Schweigestill zurück. Ob „der große Musiker" ohne ihre Fürsorge so ungestört hätte arbeiten können? – Bestimmt nicht.

Wirklich konnte man fragen, wo er (Adrian – A.B.) *es haben würde wie bei ihr, die ihm jetzt, neuester Empfehlung gemäß, alle vier Stunden zu essen brachte: um acht Uhr ein Ei, Kakao und Zwieback, um zwölf Uhr ein kleines Beefsteak oder ein Kotelett, um vier Uhr Suppe, Fleisch und etwas Gemüse, um acht Uhr kalten Braten und Tee. Dieses Regime war wohltätig. Es hielt die Verdauungsfieber großer Mahlzeiten hintan.* (VI, 459)

Der Erwählte
(1951)

Die Tafelfreuden dieses Romans, dessen Stoff eine mitelalterliche Legende lieferte, entsprechen der zu beschreibenden Epoche: ihre Küche ernährt den Gaumen auf einfache und deftige Weise.

„Zu Tafel saßen Herr Grimald und Frau Baduhenna auf Stühlen mit Polstern von arabischem Achmardi, ihnen gegenüber Ihr Kaplan." (VII, 17)

Hofgerecht war die Speise: Reiher und Fisch und Schafskoteletts und Vögel, im Sprenkelholz gefangen, und fette Krapfen. Zu jedem Gerichte gab es Brühe, Pfeffer und Agraß (womit ich Obstsauce meine), und emsig, das Antlitz hochgerötet (…), füllten die Knappen die Becher mit Wein und Maulbeerwein und rotem Sinopel und würzigem Lautertrank, will sagen: Klaret, womit vorzüglich gern und häufig Herr Grimald die Gurgel netzte. (VII, 17)

❋

Wiglaf, den bittere Armut in ihren Krallen gehalten hatte, war nun durch die Hilfe des Abtes „des Griffes ledig und vermochte, seine Menage nach und nach auf einen behäbigeren Fuß zu bringen". (VII, 82)

Er kaufte vier Kühe und zwei Schweine, dazu Weiderecht für die Rinder auf einem Anger, zimmerte seiner Hütte Stall und Koben und eine Stube an und saß dort mit den Seinen bei Milchsuppe, Wurst und Wirsingkraut. (VII, 82)

*

Bei der Ankunft in einem fremden Hafen trat Gregorius ein ansehnlicher Mann entgegen, der sich als Schultheiß und Maire „dieser quemune" attestierte. Dies war Herr Pointewin.
Es war in Herrn Pointewins Haus und Stube, bei einem erwünschten Imbiß von Rauchfleisch und Warmbier mit Nelken, den die Schaffnerin und Schlüsselfrau, von Natur behäbig, doch versorgten Angesichtes auch sie ihnen aufsetzte, wo Grigorß diese Belehrungen empfing… (VII, 122)

*

In Demut verzichtete Grigorius auf das ihm von der Fischersfrau angebotene Abendbrot.
Die Frau aber machte ein Holzfeuer an, damit der Verregnete sich daran trockne, und sagte, sie wolle nun einen Pfannkuchen backen, groß genug für alle drei und mit Milch zu genießen. Das wehrte ihr Gregor.
„Dieser Leib", sagte er, „ist kaum einer Speise wert. Ich gedenke ihn nicht aus der Pfanne zu nähren, sondern ein Ranft von Haberbrot und ein Trank aus dem Brunnen sei all meine Bewirtung." (VII, 184)

*

An dem Tag, als dem Fischer „der zweite Besuch" zuteil wurde, fing er einen Hecht, „ein wahres Exemplum von einem Hecht". (VII, 214)
„(…) Aber sehen möchte ich doch, ob es euch Herren nicht nach dem Hecht gelüstet als Hauptgang, wenn ich ihn euch zeige."
Und er brachte den Fisch in einer Bütte, zum nicht geringen Erstaunen der Fremden, die sehr seine Größe und Schönheit lobten.
„Auf dem Markt", sagte der Wirt, „hätt ich gut und gern fünf Florinen für ihn gelöst."
„Du sollst das Doppelte haben", versprach der Weißkopf, „und mit deinem Weibe noch teilnehmen an seiner Verzehrung, wenn sie ihn uns schmackhaft zuzubereiten versteht, gebraten, gespickt und mit einer guten Cappern-tunke. Machst du dich anheischig, Frau?"
„Ach, edler Herr", sagte sie, „von Cappern habe ich kaum gehört, aber ein wenig Speck wird sich für die Spicknadel finden, und eine Würzbrühe will

ich auch wohl anrichten, der ihr eueren Beifall gewiß nicht versagen werdet." (VII, 215)

Bekenntnisse des Hochstaplers Felix Krull
(1954)

Das Streben nach dem „Höheren" – damit werden vorwiegend höhere Gesellschaftskreise gemeint – ist ein Bestandteil der Berufung eines Hochstaplers. Und so bestimmt diese Leidenschaft auch den „beruflichen Werdegang" Felix Krulls. Seine ersten, ernst zu nehmenden kulinarischen Beobachtungen macht er in seiner Pariser Zeit – im Paris des fin de siècle, wo er den Weg eines Hotel-Liftboys bis hin zu einem, wenn auch falschen, Aristokraten mit bemerkenswerter Schnelle zurücklegt.

Die Eindrücke Felix Krulls von seinem Debüt als abräumender Kellner im Saale des Hotels „St. James et d'Albany" in der rue St. Honoré 211, Paris 1-er, verdienen es, hier angeführt zu werden, obgleich es vorab die Ausstattung war, nicht aber die Speisen, die den frischgebackenen Garçon beeindruckte.

Der nächste Tag also schon sah mich in voller Parure bei der Mittagszeit im Saale debütieren, diesem herrlichen, kirchenweiten Raum mit seinen kannelierten Säulen, auf deren vergoldeten Kronen in weißem Stuck die Deckenflächen ruhten, mit seinen rot beschirmten Wandleuchtern, rot wallenden Fenster-Draperien und der Unzahl von weißdamastenen, mit Orchideen geschmückten Rundtischen und Tischchen, um welche Sessel aus weißem Schleiflack-Holz mit roten Polstern standen und auf denen die zu Fächern und Pyramiden gefälteten Servietten, die glänzenden Bestecke und zarten Gläser, die in blitzenden Kühlkübeln oder leichten Körben lehnenden Weinflaschen paradierten, die herbeizubringen das Sonderamt des mit Kette und Küferschürzchen ausgezeichneten Kellner-Kellermeisters war. (VII, 470)

*

Schon bald stellte es sich heraus, daß unser Freund, dank seiner äußerlichen Eleganz und perfekten Umgangsformen, des besseren bestimmt war, als nur nach jedem Gange aufzuräumen.

Er (Hector – A.B.) *sah wohl, daß die Clientèle, daß besonders die Damen, alte und junge, sich an mich hielten, mich heranwinkten und nicht ihn, wenn es sie nach irgendeiner Sonderzutat, englischem Senf, der Worcester-Sauce, Tomato Catchup, verlangte (…). Nach einigen Tagen sagte Hector zu mir, während ich ihm am Anrichtetischchen beim Ablösen von Seezungen-Filets von der Gräte behilflich war: „Die würden es viel lieber sehen, wenn du ihnen das Zeug serviertest (…).* (VII, 471)

*

Der Kaffee-Dienst führte mich bald in die Halle hinaus, wo ich ihn zweimal des Tages zusammen mit einigen Kollegen zu versehen hatte. Er erweiterte sich binnen kurzem zur Tee-Bedienung daselbst am Nachmittag; und da unterdessen Hector zu einer anderen Tischgruppe im Saal versetzt worden und es mir zugefallen war, an derjenigen zu servieren, bei der ich den Aide gespielt, so hatte ich fast übermäßig viel zu tun und war abends, gegen Ende des vielfältigen Tagewerks (…), also beim Reichen von Kaffee und Likören, Whisky-Soda und Infusion de tilleul nach dem Diner in der Halle, meistens so müde, daß der Sympathie-Austausch zwischen mir und der Welt an Seele verlor (…). Am Morgen jedoch erstand meine elastische Natur aus solcher Ermattung zu froher Frische, und schon sah man mich wieder zwischen Frühstückszimmer, Getränkeküche und Hauptküche hin- und hereilen, um jenen Gästen, die nicht den Zimmerdienst in Anspruch nahmen und nicht im Bette frühstückten, den Tee, das Oatmeal, den Toast, das Eingemachte, den gebackenen Fisch, die Pfannkuchen in Sirup zu servieren (…). (VII, 472f.)

*

Das „Studium" der zu bedienenden Personen in puncto: Aussehen, Manieren, Temperament und nicht zuletzt Appetit war für Felix Krull eine Art Kunst und Spiel zugleich.

Tatsächlich aß er (der Lord – A.B.) *fast nichts, und man mußte sich wundern, wie er bei dem, was er zu sich nahm, überhaupt bestehen konnte. Mit der Suppe zwar nahm er einen guten Anlauf: starke Consommé, Mockturtle- und Oxtail-Soup verschwanden rasch aus seinem Teller.* (VII, 482)

*

Während eines Kurzurlaubes, auf der Dachterrasse des Hôtels des Ambassadeurs am Boulevard St. Germain dinierend, traf Felix Krull seinen Bekannten, den Marquis de Venosta, der ihm unter anderem ein paar Ratschläge bezüglich der Speisekarte gab.

"(...) Nehmen Sie nicht die Ente, sie ist schlecht gebraten. Nehmen Sie von der Hammelkeule, ich habe bestätigt gefunden, was mir der Maître versicherte, daß sie genügend lange in Milch gelegen hat..." (VII, 502)

❋

Er bestellte schon, da ich noch kaum mit meiner Pêche Melba fertig war, die vorhin für uns beide in Aussischt genommene Flasche Lafitte. (VII, 504)

❋

Im Speisewagen des Zuges Paris–Lissabon wurde Felix Krull, diesmal schon alias Marquis de Venosta, zu seinem Tischchen geleitet, an dem bereits ein älterer Herr mit Sterneaugen saß.
Bedenkend, daß ein Mann mit Sterneaugen sich an Ungewöhnlichem dies und das erlauben könne, erwiderte ich mit einer lächelnden Verbeugung, übrigens schon der Platte mit Ölsardinen, Gemüsesalat und Sellerie zugewandt, die man mir anbot. Da ich Durst hatte, gab ich dabei eine Flasche Ale in Auftrag, was der Graubart nun wieder, ohne den Vorwurf unerbetener Einmischung zu scheuen, mit einigen Worten guthieß.
"Sehr vernünftig", sagte er.
Er hatte die Suppe abgelehnt und saß müßig mir gegenüber, höchstens damit beschäftigt, sich von seinem Vichy-Wasser einzuschenken (...). (VII, 531)

❋

Seine erste Mahlzeit in Lissabon nahm unser Freund im „Savoy Palace" ein.
Angetan mit frischer Wäsche und einem dem Klima gemäßen Habit aus leichtem, lichtem Flanell begab ich mich hinab in den Speisesaal, wo ich mir, recht ausgehungert nach einem durch Lauschen versäumten Reisediner und verschlafenem Morgenimbiß, an dem Gabelfrühstück, einem Ragoût fin in der Muschel, einem vom Rost karierten Steak und einem ausgezeichneten Schokolade-Soufflé nicht ohne Hingebung gütlich tat. (VII, 554)

❋

Die Reisebekanntschaft hatte eine Fortsetzung, und so wurde Felix Krull in das Zuhause des Mannes eingeführt, dessen Gespräch auf der Reise sein „Inneres in so starke Bewegung versetzt hatte". (VII, 581) Bei Professor Kuckuck wurde natürlich auch ein Mittagessen serviert.

Eine ältere wollhaarige Magd trug das Essen auf, das recht gut war. Es gab Hors-d'oeuvres mit köstlichen heimischen Sardinen, einen Hammelbraten, Rahmbaisers zum Dessert und danach noch Früchte und Käsegebäck. Ein recht heißer Rotwein wurde zu dem allen geschenkt, den die Damen mit Wasser mischten und von dem der Professor überhaupt nicht trank. (VII, 585)

Quellennachweis der Abbildungen

Thomas-Mann-Archiv der Eidgenössischen Technischen Hochschule Zürich: Titelseite, 11, 13, 14, 17, 48, 49, 51
Museen der Stiftung Weimarer Klassik, Weimar: 18, 19, 36, 37, 39
Waldhotel Bellevue, Davos-Platz: 42
J. Claude Goumard, Paris: 12

**DrägerDruck Lübeck
Verlag Graphische
Werkstätten**

Dieser Bildband zeigt die Fotos von Personen, die Thomas Mann in den »Buddenbrooks« so eindrucksvoll geschildert hat. Es werden hier die dazugehörigen Texte des Romans den Bildern der dort erwähnten Persönlichkeiten und Schauplätze gegenübergestellt. Ein sehr interessanter Vergleich von Roman und Realität.

Hartwig Dräger

Buddenbrooks – Dichtung und Wirklichkeit

Bilddokumente

1. Auflage 1993
336 Seiten, 153 Abbildungen
Format 24,3 x 28,5 cm
ISBN 3-925402-44-6

98,– DM

Unser sonstiges Verlagsprogramm senden wir Ihnen gerne auf Anfrage zu.

**DrägerDruck Lübeck
Verlag Graphische
Werkstätten**

Thomas Mann hat das Verhältnis zu seinem Bruder Heinrich Mann einmal mit der treffenden Formel von der »repräsentativen Gegensätzlichkeit« bezeichnet.

Das vorliegende Buch umspannt den Zeitraum von 1871 bis 1955, wobei der Schwerpunkt auf dem Verhältnis der Brüder zu ihrer Vaterstadt Lübeck sowie zueinander liegt.

Anhand von persönlichen Äußerungen aus ihren Werken, Briefen und anderen Aufzeichnungen werden Leben und Werk dieser beiden großen Schriftsteller in authentischen Texten präsentiert. Zusammen mit dem reichhaltigen Bildmaterial erleben Sie zwei Schriftstellerbrüder, die die Literatur dieses Jahrhunderts entscheidend geprägt haben, im spannungsvollen Vergleich.

Eckhard Heftrich /
Peter-Paul Schneider /
Hans Wißkirchen

**Heinrich und
Thomas Mann**

Ihr Leben und Werk
in Text und Bild

1. Auflage 1994
440 Seiten, 200 Abbildungen
Format 14,8 x 21 cm
ISBN 3-925402-80-2

35,– DM

DrägerDruck Lübeck, Verlag Graphische Werkstätten, Schwertfegerstraße 7, 23556 Lübeck
Telefon 04 51/8 79 99 55, Fax 04 51/8 79 99 99